KB216381

_____님께 드립니다.

# 끌어당김

## Attraction

◆표지 및 본문에 들어간 사진은 해양문화재단의 대한민국 해양사진대전 입상작들과 시인 정해종 님이 직접 찍은 사진들로 허락을 받고 수록했습니다. 해양문화재단과 정해종님께 감사드립니다.

# 끌어당김
## Attraction

편역저 | 안진환 · 이현주

원저 | 나폴레온 힐 · 로버트 콜리에 · 어네스트 홈즈 · 월러스 워틀스 · 찰스 하넬 外

나는 나를 믿는다
티끌만큼 작더라도 나는
우주와 신의 한 부분이므로

우리는 성공한 인생을 바라며 살아간다. 그러나 세상은 우리에게 손쉽게 성공을 안겨주지 않는다. 그럼에도, 전체적으로 보면 물론 극소수이지만, 주변에는 늘 성공한 사람들이 눈에 띈다. 우리는 그런 사람들을 부러워하고 동경하지만 현실에선 그들의 성공으로부터 언제나 너무 멀리 떨어져 있다. 그리하여 우리는 쉽게 포기하고 체념하거나 심지어는 깊은 절망의 나락에 빠져들기도 한다.

하지만, 우리가 언제 어느 곳에서 어떠한 상황에 처해 있더라도 절망하기에는 우리의 인생이 너무 아깝다. 그렇다. 이제라도 우리는 우리 내면의 소리에 귀 기울여 우주와 신의 음성을 들어야 한다. 우주와 신의 음성은 우리에게 성공을 향한 진정한 길을 생생하게 들려주지만, 우리는 그것을 못 듣거나 아예 귀를 닫아버리고 있다. 그러나 지금이라도 당장 우리가 내면의 마음을 열고 우주를 지배하는 긍정의 에너지, '끌어당

김'을 깨닫고 그것을 받아들여 작동시킨다면 우리에겐 언제
나 기쁘고 힘찬 오늘이 있을 뿐이다. 때로 힘들고 슬픈 일이
다가오더라도, 때로 그 일이 너무나 감당하기 어려워 암담한
실패로 보여질지라도 그것은 성공으로 향하는 조금 긴 우회로
나 거친 디딤돌에 지나지 않을 것이다.

귀 기울여보자. 우주와 신의 음성, 그 '끌어당김'의 신비
롭고 강력한 힘에 대해서. 쳐진 어깨를 활짝 펴고, 한 발 두
발 성공을 향해 걷다 보면 저 멀리 있다 생각한 성공이 어느
새 우리곁에 이미 와 있을 것이다.

나폴레온 힐Napoleon Hill · 랄프 왈도 트라인Ralph Waldo Trine · 로버트 콜리에Robert Collier
어네스트 홈즈Ernest Holmes · 오리슨 스웨트 마든Orison Swett Marden · 월레스 위틀스Wallace Wattles
윌리엄 워커 앳킨슨William Walker Atkinson · 제임스 알렌James Allen · 찰스 하넬Charles F. Haanel

머리말

# Part I. 우리를 성공으로 이끄는 '끌어당김'을 향하여

# Part I

우리를 성공으로 이끄는 '끌어당김'을 향하여

❝ 인간의 삶을 결정하는 열쇠는 생각이다. 아무리 완강하고 반항적인 사람이라도 자신만의 방향키를 따르는 셈이다. 그 방향키는 바로 생각이며, 그 생각에 따라 인간의 모든 경험과 현실이 좌우된다. 기존의 생각을 압도할 수 있는 새로운 생각을 보여줘야만 그를 다른 사람으로 변화시킬 수 있다. ❞

랠프 에머슨

# 1

성공의 원동력

우리는 우리가 원하는 삶을 살 수 있다
우리는 우리가 원하는 어떤 존재든 될 수 있다


모든 사람은 '성공의 원동력'을 가지고 있다. 이 원동력을 올바른 방향으로 현명하게 활용하기만 하면 누구든지 능력과 재능을 매우 높은 수준으로 계발하여 성공할 수 있다. 우리가 원하는 우리 자신의 모습이 무엇인가? 어떤 방향으로 발전하여 도약하고 싶은가? 단언하건대 우리는 충분히 원하는 방향으로 나아갈 수 있다. 왜냐하면 우리는 그렇게 될 수 있는 힘을 타고났기 때문이다. 인간이 성장하고 발전할 수 있는 잠재력에는 한계가 없다. 어느 누구든 기존의 성공한 인물보다 훨씬 더 성공할 수 있다.

재능이 뛰어나다고 꼭 성공하는 것은 아니다. 재능이란 자신이 가진 능력 중에서 특별히 뛰어난 무언가를 말할 뿐이다. 자세히 보면 성공한 사람에게는 탁월한 재능 그 이상의 무엇인가가 존재한다. 성공한 사람은 무한한 우주의 힘을 끌어당겨 신과 스스로를 연결시켰기 때문이다. 그들에겐 어떤 강력하고 신비로운 힘이 느껴진다. 사실 인간이 지닌 정신 능력의 한계가 어디까지인지 우리는 알 수가 없다. 아니, 어쩌면 '끌어당김'과 함께 원래부터 한계는 존재하지 않았을지도 모른다.

동물에게는 스스로 발전을 모색할 수 있는 능력이 없다. 그것은 오로지 인간만이 지닌 능력이다. 인간은 스스로의 힘과 노력으로 자신을 훈련하고 더 나은 존재로 탈바꿈할 수 있다. 인간만이 그런 힘을 지녔으며 그 힘이 이뤄낼 수 있는 성취의 범위는 무한하다.

나무가 살아가는 목적이 뿌리를 내리고 가지를 뻗으며

우리는 우리가 원하는 삶을 살 수 있다
우리는 우리가 원하는 어떤 존재든 될 수 있다

성장하기 위해서이듯, 인간이 삶을 사는 목적 역시 성장하고 발전하기 위해서다. 나무는 자연의 이치가 정해놓은 성장과정을 따라서 저절로 커나간다. 이에 반해 인간은 자신의 의지에 따라 성장하며 더 나은 존재가 될 수 있다. 또 식물이 가질 수 있는 특성은 몇 가지밖에 안 되지만, 인간이 발휘할 수 있는 능력은 무궁무진하다. 마음에 존재하는 것은 무엇이든 현실 속에서도 존재할 수 있다. 인간이 무언가를 생각할 수 있다면 그것은 현실에서 반드시 실현된다.

우리는 발전하기 위해 존재한다. 스스로가 원하는 더 나은 모습으로 성숙해야 할 권리와 의무가 우리에게 있다. 지속적으로 발전하지 않는 사람이 어떻게 성공할 수 있겠는가? 진보하지 않는 삶은 무의미하고, 발전하지 않는 사람은 별것도 아닌 일로 밤을 뒤척이며 잠 못 이루고 피곤해한다. 반면 조화롭고 균형 잡힌 성공을 이뤄나가는 사람은 달콤한 밤잠과 함께 날마다 행복하고 만족스러운 아침을 맞이한다.

우리는 누구나 내면에 미처 계발되지 않은 잠재력을 갖

고 있다. 그런데 그 잠재력이 나타나는 모습은 저마다 다르다. 사람은 이 세상에 태어날 때 나름대로 특정한 방향으로 발전할 수 있는 소양과 기질을 갖고 나오기 때문이다. 따라서 각자 타고난 소질에 맞는 능력을 발전시킬 때 보다 쉽게 자아는 실현된다. 예를 들어보자. 정원사가 바구니 한가득 뿌리를 담은 모습을 떠올려보라. 겉만 보면 이 뿌리들은 전부 비슷해 별 차이가 없지만, 땅에 묻어놓고 시간이 지나면 나중에 전혀 다른 각양각색의 식물들이 자라나 꽃을 피우기 시작한다. 사람도 마찬가지다. 어떤 사람은 장미 같은 존재가 되어 음지에 밝은 기운과 색채를 전해주고, 또 어떤 사람은 백합이 되어 주변 이들에게 사랑과 순수함을 가르친다. 또 어떤 이는 덩굴식물이 되어 울퉁불퉁한 벽면을 아름답게 가려준다. 그런가 하면 어떤 사람은 아름드리 떡갈나무가 되어, 새들이 둥지를 틀 수 있는 튼튼한 가지와 양 떼가 쉴 수 있는 그늘을 제공해준다. 이 모든 사람은 나름대로 각자의 가치를 지닌 아름답고 고귀한 존재다.

우리가 살아가면서 흔히 만나는 사람들에게 전혀 예상하

우리는 우리가 원하는 삶을 살 수 있다
우리는 우리가 원하는 어떤 존재든 될 수 있다

지 못한 잠재력과 가능성이 숨어 있다는 사실을 잊지 말자. 이 세상에 '바보 같은' 사람은 없다. 나라가 위험에 처했을 때, 성공의 원동력만 발휘된다면 길거리 부랑자나 술고래도 영웅이나 리더가 될 수 있다. 누구나 내면에는 영웅의 모습이 웅크리고 있고, 때가 되어 밖으로 그 모습을 드러내길 기다릴 뿐이다.

어디서나 빛이 나는 사람이 있다. 시련이 다가왔을 때 찾아가면 진정한 도움을 주는 사람, 누구에게나 지혜와 통찰력과 능력을 지녔다고 인정받는 사람 말이다. 요란하게 말로 떠들지 않아도 누구나 그가 훌륭한 품성과 뛰어난 능력을 갖췄음을 알 수 있다. 그런 사람은 작고 사소한 일을 해도 그 과정과 행동에서 자연스럽게 훌륭함이 배어난다. 또 상황만 갖춰지면 큰일도 해낸다. 누구나 그런 사람이 될 수 있다. 물론 우리도 마찬가지다. 성공의 원동력은 우리가 요청하는 만큼의 능력만 우리에게 준다. 우리가 작고 보잘것없는 일을 행하려고 하면 작고 보잘것없는 능력을 주고, 뛰어난 성공을 하려고 하면 거기에 필요한 뛰어난 능력을 준다. 성공은 담대한 방식으로 행해야지, 쩨쩨하거나 조잡한 방식을 취해서는 안 된다.

　사람의 정신적 태도에는 두 가지가 존재한다. 어떤 태도를 갖느냐에 따라 삶은 전혀 다른 방향으로 뻗어나간다. 한 가지 태도는 사람을 축구공 같은 존재로 만든다. 축구공은 탄력성이 있어 누군가 힘을 가하면 힘차게 튀어 오른다. 하지만 축구공은 결코 무언가를 만들어내지도, 스스로 움직이지도 못한다. 공 안에 아무런 생명력이나 힘이 존재하지 않기 때문이다. 축구공 같은 사람은 주변 여건이나 환경의 지배를 받으면서 살아가며, 그의 운명은 외부 상황들에 따라 결정된다. 그런 사람의 내면에서는 성공의 원동력이 움직이지 않는다. 이와 다른 또 한 가지 태도는 끊임없이 솟아나는 샘물처럼 내면의 중심에서 힘이 흘러넘친다. 그 안에 영원한 생명력을 만들어내는 수원水源이 존재하고, 언제나 힘과 에너지를 사방으로 내보낸다. 이런 사람의 내면에는 성공의 원동력이 늘 작동

한다. 다시 말해 그는 자기 안에 생명력을 지닌 채 외부의 힘
과 상관없이 주체적으로 움직인다.

생명력을 지닌 채 스스로 움직이는 것만큼 훌륭한 것은
없다. 우주와 신은 모든 인간이 주체적으로 움직이도록, 환
경에 좌우되는 수동적 존재가 아니라 환경을 이끌고 지배하
는 능동적 주체가 되도록 창조했다.

생명력이 약한 사람일수록 환경과 운에 이끌려 다니며
두려움의 노예가 된다. 그런 사람은 외부의 어떤 힘이나 요
소가 다가와야만 그에 대응해 마지못해 움직인다. 즉 스스로
무언가를 주도하지도, 만들어내지도 못한다. 하지만 사람은
누구나 그 내면에는 모든 두려움을 극복할 수 있는 충분한
힘의 씨앗이 존재한다. 이 사실만 깨달으면 누구나 성공할
수 있다.

우리가 그 어떤 힘도, 그 어떤 능력도 가질 수 있다는 점
을 기억하자. 그 누구보다 뛰어난, 정신적 능력을 계발할 수

있고, 세상 누구보다도 훌륭한 것을 이룰 수 있다. 잊지 말자. 우리는 우리가 원하는 어떤 모습, 어떤 존재든 될 수 있다는 사실을.

> 겉으로 드러나는 모든 것은 내면에 있던 생각이 표현된 결과물이다. 훌륭하게 행동하려면 무엇보다 명료하고 진실하게 생각해야 한다. 고결하게 행동하기 바란다면 고결한 생각을 해야 한다.

윌리엄 엘러리 채닝

**66** 인생은 과감한 모험이던가, 아니면 아무것도 아니다. **99**

헬렌 켈러

# 2

유전과 성공

우주와 신뿐 아니라
모두가 우리를 돕는 방향으로 움직인다


유전적 요인이 성공을 막는 장애요소가 될 수 없다. 우리의 조상이나 부모가 어떤 사람이든, 그들의 지적 수준이나 사회적 위치가 어떠했든, 우리가 성공을 향해 올라가는 데에는 아무런 영향을 끼치지 못한다. '부모에게 물려받은 정신적 능력이 한정되어 있으니 나는 이 이상 뛰어난 사람이 될 수는 없어'라고 생각하는 것은 커다란 착각이다. 사람은 누구나 더 발전하고 정신적으로 성장할 수 있는 씨앗을 갖고 태어나기 때문이다.

물론 유전적 요인이 삶에 전혀 영향을 끼치지 않는다는 얘기는 아니다. 누구나 저마다 다른 정신적 성향이나 기질을 갖고 태어난다. 그러나 그런 타고난 성격 때문에 지레 포기하거나 주저앉지 말자. 지금 우리의 기질과 성격이 불만족스럽다 해도 마음먹기에 따라 얼마든지 바꿀 수 있다. 선천적 기질은 부모의 사고 습관이 자연스럽게 당신에게 전해진 것일 뿐이다. 따라서 그와 다른 방향의 사고 습관을 형성하면 기질과 성격도 변화시킬 수 있다. 의기소침한 사람도 쾌활하고 외향적인 성격으로 바뀔 수 있고, 소심함이나 성급함도 없앨 수 있다.

두개골의 형태 및 구조도 정신 능력에 조금은 영향을 미친다. 골상학(두개골의 형상으로 인간의 성격과 심리적 특성 등을 추정하는 학문ー옮긴이)은 어느 정도 설득력을 지니며, 두뇌의 특정한 부분에서 활동하는 세포의 수가 특정한 재능의 발휘에 영향을 미치는 것은 사실이다. 때문에 특정한 두개골 형태나 두뇌 구조를 가진 몇몇 사람은 뛰어난 음악가, 연설가, 기술자의 재능을 타고난다. 그래서 일부 사람들은 두개골 형태가 사람의 인생과 운명을 상당 부분 좌우한다고 주장하지만 이는 사실이 아니다. 두뇌 가운데 질이 높고 활동적인 세포들로 이루어진 좁은 영역이, 덜 발달한 세포들로 이루어진 넓은 영역 못지않게 재능의 발현에 중요한 영향을 미친다는 사실이 밝혀졌다. 두뇌의 특정 부분에 성공의 원동력이 작용하고 특정한 재능을 키우려는 의지력이 발휘되면, 우리의 뇌세포는 무한히 증가하고 발전할 수 있다.

물론 이미 갖고 있거나 많이 계발되어 있는 재능을 발휘하기가 더 쉬운 것은 사실이다. 그 재능을 이용하면 큰 노력을 기울이지 않고도 필요한 일을 해낼 수 있다. 하지만 노력만 하면 그 외의 다른 종류의 재능도 얼마든지 키울 수 있다는 점을 명심하자. 이 책에서 말해주는 방법만 제대로 실천하면, 우리 안에 존재하는 모든 힘이 깨어나 원하는 바를 성취하는 데 필요한 재능을 발현시킬 수 있다. 정신을 올바르게 이용하면 원하는 목표를 이룰 수 있는 두뇌를 만들 수 있다.

두뇌가 사람을 만들지 않고, 사람이 두뇌를 만들어가는

것이다. 우리는 풍요롭지 못한 환경에서 살거나 많은 기회를 누리지 못하도록, 또는 낮은 수준의 삶을 살도록 운명 지어진 사람이 아니다. 올바른 태도를 갖고 더 높은 곳으로 향하려는 의지를 지닌 인간을 그 어떤 환경이나 조건도 막을 수 없다.

우리 내면에 있는 힘은 우리의 주변 환경 속에도 동시에 존재한다. 따라서 우리가 발전을 위해 노력하기 시작하면, 주변의 환경과 존재들도 우리에게 유리한 방향으로 움직이기 시작한다.

**다시 말해 우리가 스스로의 영혼을 깨워 성장하려고 움직이는 순간, 초월적 존재인 신뿐만 아니라 자연과 사회와 다른 사람들 모두가 우리를 돕는 방향으로 흐르기 시작한다.** 경제적 궁핍함도 당신의 훌륭한 성취를 막는 장애물이 되지 못한다. 역사 속의 많은 인물을 떠올려보자. 식물학자인 칼 폰 린네Carl von Linné는 한때 학업을 위해 사용할 돈이 40달

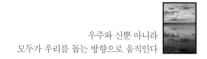

러밖에 없었다. 그래서 낡은 신발도 꿰매서 신었고 주변 사람들에게 음식을 구걸해야 했다. 에이브러햄 링컨Abraham Lincoln 역시 가난한 집안에서 태어나 자랐다. 이들은 모두 내면에 있는 훌륭함의 원동력 덕분에 어려움과 역경을 극복하고 세인들에게 존경받는 훌륭한 사람이 된 것이다.

우리들 내면에도 그들과 똑같은 원동력이 존재한다. 그 힘을 잘 활용하고 특정한 방식을 실천하면, 어떤 환경이나 조건도 딛고 일어나 성공을 이룰 수 있으며, 그 어떤 유전적 요인과도 상관없이 우리의 재능을 세상에 꽃피울 수 있다.

“어떤 사람들은 평생에 걸쳐 공부하고 연구한다. 그리고 임종할 즈음에는 생각하는 방법을 제외한 모든 것을 알고 있다.”

도메르그

# 3

우리는 늘 아름다운 세상에서
아름다운 사람들과 함께 살고 있다

성공에 이르는 길은 '끌어당김'의 다른 이름인 '생각'에
있다. 내면이 차 있지 않은 사람은 훌륭한 생각을 할 수 없
고, 끊임없이 생각하지 않는 사람은 내면적으로 성숙해질 수
없다. 아무리 좋은 교육을 받고 아무리 많은 책을 읽어도 생
각하고 사색하지 않으면 성공할 수 없다. 학력이 낮은 사람
이라도 생각과 사색을 꾸준히 하면 당연히 성공할 수 있다.
생각은 깊이 하지 않고 책만 읽어서 성공의 자리에 오르려는
사람들이 너무나 많다. 그들은 결국 실패할 수밖에 없다. 성
공한 사람은 책을 많이 읽어서 발전하는 게 아니라, 읽은 내
용을 생각하고 깊이 사색했기 때문이다.

생각은 힘들고 귀찮은 일이다. 그래서 많은 사람들이 생각하기를 싫어한다. 우주와 신은 인간이 계속 무언가를 생각하게끔 창조해놓았다. 우리는 생각을 하든지, 아니면 생각을 피하기 위해서 어떤 행동이든지 해야만 한다. 사람들이 끊임없이 여러 쾌락을 추구하는 이유는 생각하기를 피하기 위해서다. 만약 관심을 쏟을 만한 오락거리가 아무것도 없다면, 재미난 게임이나 영화 같은 구경거리 같은 게 아무것도 없다면, 그들은 생각을 할 수밖에 없을 것이다. 사람들은 생각을 피하기 위해서 가볍게 게임을 하고, 공연을 구경하고, 온갖 다양한 오락물로 눈길을 돌린다. 그런 것들을 즐기는 동안은 생각에서 멀찌감치 떨어져 있게 된다.

그래서 더 나은 상태로 발전하지 못하는 것이다.


생각을 많이 하자. 책을 읽더라도 훌륭한 내용이 담긴 양서를 읽고, 가치 있고 중요한 물음과 주제들에 대해 깊이 사색하자.

단순히 지식이나 정보를 많이 가진 사람이 아니라 진정

으로 생각하는 사람이 성공하는 법이다. 끊임없이 열정적으로 생각하는 사람은 발전하지 않을 수 없다. 생각은 언제나 또 다른 생각으로 이어진다. 어떤 주제에 관한 생각을 종이에 적어보자. 그러면 금세 또 다른 생각들이 연이어 떠올라 곧 한 페이지 전부를 채우게 된다. 깊고 깊은 심해의 바닥을 알 수 없는 것과 마찬가지로 우리는 정신의 깊이와 한계를 알 수 없다. 처음에 떠오른 생각은 단순하고 미숙할지 모르지만, 계속 생각을 해나갈수록 우리 내면에 숨어 있는 정신 능력이 기지개를 펴고 힘을 발휘하게 된다. 하지만 생각하기 싫어하고 타인의 생각에만 의지하려고 하는 사람은 자신의 숨겨진 능력을 다 알 수 없을 뿐만 아니라 결국엔 아무것도 성취할 수 없다.

사람의 모든 행동은 내면에 있던 생각이 바깥으로 표현된 결과물이다. 생각이 없으면 행동도 존재할 수 없고, 훌륭한 생각을 하지 않고는 훌륭한 행동도 나올 수 없다. 우리의 주변 환경이나 상황도 생각이 가져온 결과다. 주변의 사물과 상황도 우리의 생각에 따라 움직이고 자리를 잡기 때문이다. 우리 내면의 중심적인 생각에 따라서 우리를 둘러싼 일들이나 상황의 모습이 결정된다. 생각을 변화시키면 우리 주변의 상황과 환경도 변화시킬 수 있다. 우리가 현재의 모습을 하고 있는 것도, 우리가 현재 그 자리에 있는 것도 모두 우리가 과거에 한 생각들 때문이다.

그러므로 아름다운 세상에서 아름다운 사람들과 함께 살고 있다고 늘 생각하자. 우주와 신이 창조한 모든 생명체와 사회, 삶의 세계가 진화와 발전을 거쳐 완성과 조화의 단계에 도달할 것이라고 믿자. 훌륭하고 완벽하며 초월적인 힘이 존재하고, 그것이 온 우주의 변화를 이끈다고 믿자. 아름다운 세상의 구성원으로서 우리가 어떻게 살아가야 하는지 진정으로 이해할 때까지, 항상 위의 모든 사실에 대해 생각하자. 생각은 우리의 모든 능력과 잠재력을 발휘하게 만드는 원동력이다.

생각하고 또 생각하라. 긍정의 생각을 통해 온 우주와 신이 당신을 도와 움직이는, '끌어당김'을 깨닫자.

66 인간은 운명의 포로가 아니라 단지 자기 마음의 포로일 뿐이다. 99

프랭클린 루스벨트

**❝** 사람은 실패하기 위해서가 아니라 성공하기 위해 태어난다. **❞**

헨리 데이비드 소로

## 4

생각의 질을 높이는 방법
생각하고 생각하라
긍정의 생각으로 '끌어당김'을 작동시켜라

스스로 생각하지 않는 사람은 부자도 성공도 훌륭함도 성취할 수 없다. 생각은 그 무엇보다 중요하다. 내면에서 성숙한 생각을 하지 않으면 결코 훌륭한 행동을 할 수 없다. 성숙한 생각을 하려면 참되고 진실한 마음과 선한 의도를 품어야 한다. 아무리 논리적이거나 정확하다고 해도 그것이 본질상 진실하지 못하고 그릇된 생각이라면 성숙한 방향으로 나아갈 수 없다.

이를 위한 첫 번째 단계는 타인과 진실한 관계를 맺고 유지하려고 노력하는 일이다. 남들을 어떻게 대해야 하는지,

또 남들은 당신을 어떻게 대해야 하는지, 그 관계의 올바름을 제대로 이해하고 있어야 한다. 자연의 생명체와 인간 사회의 진화에 대해 깊이 생각하고, 그 모든 것이 올바른 관계 속에서 발전을 향해 힘차게 나아가야 한다.

그다음 단계는 깊은 사색을 통해 올바른 태도를 확립하는 것이다. 세상의 소음이 아니라 영혼의 목소리를 따라야 한다. 내면의 근원적이고 고귀한 힘을 믿고 그 소리를 따라야 한다.

깊이 생각해야만 우주와 신과 조화로운 합일을 할 수 있다. 긍정적으로 생각하지 않고서는 '끌어당김'을 가져올 수 없는 것이다. 이 말을 피상적으로 받아들이기는 쉽지만 진정으로 이해하기는 쉽지 않다. 많은 사람들은 흔히 외부의 어딘가에서 우주와 신을 만나는 것이라고 생각하지, 자신의 내면으로 들어가 우주와 신과 만난다는 생각은 하지 못하기 때문이다. 하지만 우주와 신은 분명히 그 안에 있다. 이는 곧 당신에게 필요한 모든 힘과 에너지가 이미 당신 내면에 들어 있다는 의미다. 이 얼마나 놀라운 사실인가! 바라는 목표를 이루거나 원하는 사람이 되기 위해 필요한 힘과 능력을 얻을 방법을 애써 고민할 필요가 없다. 우리는 그저 그 내면의 힘을 올바르게 활용할 방법만 알면 된다. 진실을 볼 줄 아는 우리 내면의 힘을 꺼내 사용하라. 그러면 반드시 보일 것이다. 그리고 오늘 그 진실에 맞는 삶을 살면, 내일은 더 많은 진실을 보게 된다.

지금까지 갖고 있던 잘못된 생각을 없애기 위해서는 인간의 가치와 고귀함, 훌륭함에 대해 더 많이 생각해야 한다. 타인의 실수와 허물을 들춰내려 하지 말고 그들의 장점과 뛰어난 능력을 봐야 한다. 그들이 형편없는 존재라는 시각을 버리고 지속적으로 높은 단계를 향해 나아가는 아름다운 영혼이라고 생각하자. 그런 시각을 갖기 위해서는 의지력도 필요할 것이다. 세상의 존재들을 긍정적으로 보는 것이야말로 현명한 일이다. 의지력으로 우리는 생각을 긍정의 방향으로 잡을 수 있다. 사람들의 선하고 좋은 면, 아름다운 미덕에 대해서 더 많이 보고, 더 많이 생각하자. 긍정적 생각이 강력하면 강력할수록 '끌어당김'의 에너지도 더욱 뜨거워질 것이다.

생각하고, 생각하고, 또 생각하라!
긍정적 생각을 통해 '끌어당김'을 작동시켜라!

66 자신을 믿어라. 자신의 능력을 믿어라. 겸손하면서도 합리적인
자신감이 없으면 성공할 수도 행복할 수도 없다. 99

노먼 빈센트 필

**66** 사람은 자신이 생각하는 모습대로 된다. 지금 자신의 모습은 자신의 생각에서 비롯된 것이다. 내일 다른 위치에 있고자 한다면 생각을 바꾸면 된다. **99**

데이비드 리버만

## 5

내 인생에 바치는 어느 날 일기

나는 이 일기에

이름을 쓰고 이것을 기억할 것이다

첫째, 내가 인생의 뚜렷한 목표를 달성할 수 있다는 걸 알기 때문에 나는 그 목표를 달성하기 위해 끊임없고 지속적인 행동을 나 자신에게 요구한다. 그리고 지금 여기서 그러한 행동을 하겠다고 약속한다.

둘째, 내 마음을 지배하는 생각이 실제 행동으로 실현되어 점차 물리적 현실로 바뀐다는 것을 깨달았다. 따라서 나는 매일 30분씩 내가 되고자 하는 사람을 집중적으로 생각하여 내 마음속에 그 그림을 명확히 그려낼 것이다.

셋째, 자기암시의 법칙 덕분에 내가 끈질기게 마음속에 갖고 있는 바람이 결국엔 목적 달성을 위한 실질적인 수단을 통해 나타난다는 사실을 알기 때문에, 나는 매일 10분씩 내 스스로에게 자신감을 키우라고 요구할 것이다.

넷째, 내 인생의 뚜렷한 주요 목표를 명확히 적어두었기 때문에 목표달성을 위한 자신감을 충분히 키울 때까지 결코 노력을 중단하지 않을 것이다.

다섯째, 진실과 정의를 기반으로 하지 않는다면, 어떤 재산이나 지위도 오래갈 수 없다는 사실을 알기 때문에 나와 관계된 모든 사람들에게 이익이 되지 않는 거래에는 결코 참여하지 않을 것이다. 나는 내가 이용하고 싶은 힘과 다른 사람들의 협력을 내 자신에게 끌어당기는 방법으로 성공할 것이다. 다른 사람들에 대한 부정적인 태도는 결코 성공을 가져다주지 못할 것이라는 사실을 알기 때문에 모든 사람들에 대한 사랑을 키워 증오와 질투, 질시, 이기심, 냉소를 없앨 것이다. 나는 다른 사람들이 나를 믿게 만들 것이다. 내가 그들과 나 자신을 믿기 때문이다.

　나는 이 일기에 이름을 쓰고, 이것을 기억할 것이다. 그리고 이 일기가 점점 더 내 생각과 행동에 영향을 미치면 내가 자립적이고 성공한 사람이 될 것이라는 확실한 믿음을 갖고 매일 한 번씩 큰소리로 말할 것이다.

　이 일기의 이면에는 지금껏 어떤 사람도 설명하지 못한 자연의 법칙이 존재한다. 심리학자들은 이 법칙을 '자기암시'라고 이름 붙이고 더 이상 문제 삼지 않았다. 사람들이 이 법칙에 붙인 명칭은 중요하지 않다. 여기서 중요한 사실은 이 법칙을 건설적으로 이용할 경우, 진정한 삶의 성공에 도움이 된다는 것이다. 반면, 그 법칙을 파괴적으로 이용하면, 그것은 손쉽게 파괴될 것이다. 어떠한 현상이든지 생각하는 대로 나타나는 경향이 있기 때문이다.

문제는 잠재의식(생각의 모든 자극이 결합되어 물리적 현실로 바뀔 준비를 하는 단계)이 건설적인 생각과 파괴적인 생각을 구분하지 못한다는 것이다. 잠재의식이 용기나 믿음에 의해 생겨난 생각을 현실로 구현하는 만큼이나, 두려움에 의해 생겨난 생각 역시, 현실로 바꿀 것이라는 점을 깊이 주의하자. 그리하여 잠재의식과 함께 긍정적인 생각으로 우주와 신을 향해, 우리의 인생과 성공을 위해 '끌어당김'을 실천하자.

**66** 자신감을 잃으면 그 순간 온 세상이 적이 된다. **99**

랠프 에머슨

# PartⅡ

잠든 우리를 일깨우는 '끌어당김'을 더욱 당기며

단순한 진흙이라도 뛰어난 도공의 손에 들어가면 아름답고 유용한 것이 될 수 있다. 생각을 바꾸면 인생이 달라진다.

존 하첼

성공할 것이라고 믿는 사람은 성공을 부르고
실패할 것이라고 믿는 사람은 실패를 끌어당긴다

잠재의식이 긍정의 생각과 만나면 '끌어당김'이 작동된다. 성공한 사람은 자신의 궁극적인 성공을 믿는다. 항상 목적을 이룰 것이라고 믿고 실수, 실패, 잘못이 있더라도 그것에 눈길을 돌리지 않고 열렬히 목표를 밀어붙인다. 그는 단순히 성공을 바라고만 있는 게 아니라 성공을 느끼고 믿고 실천한다. 그는 긍정적 생각을 끌어당겨 우주와 신의 강력한 힘을 작동시킨다.

결국 자신이 실패할 것이라고 믿는 사람은 반드시 실패할 수밖에 없다. 어떻게 그런 결과를 피할 수 있겠는가? 그런 태도는 결코 겸손이 아니다. 그것은 우리 스스로를 모욕하는 것이다. 한번 부정적 생각에 빠지면 그가 행동으로 옮기고, 생각하고, 말하는 모든 것이 실패의 기운을 띤다. 다른 사람들도 그의 기운을 감지하고 그 사람의 능력을 믿지 못하게 된다. 그리고 그는 다른 사람들의 그러한 태도가 자신이 겪는 불운의 또 다른 증거라고 생각한다. 그는 자신이 실패할 것이라는 믿음이나 예상이 그러한 결과의 원인이라고는 생각하지 않는다. 그는 마치 꼭 실패하고 싶은 사람처럼 실제로 늘 자신의 실패를 암시하고 있으며, 결국 자기암시의 효과를 본다. 실패한 후에도 그는 부정적인 생각으로 마음의 문을 닫아버린다. 자신의 성공을 믿기 때문에 성공을 예상하는 사람들은 그가 닫은 문을 통해 성공에 도움이 되는 아이디어와 계획을 얻는데도 말이다. 좌절한 상태에서는 밝은 생각이 들어오지 않는다. 우리가 희망에 차 있고 열중해 있을 때만 마음은 활용 가능한, 멋진 아이디어를 생각해낸다.

사람들은 특정한 동료들 주위에 감도는 실패의 분위기를

성공할 것이라고 믿는 사람은 성공을 부르고
실패할 것이라고 믿는 사람은 실패를 끌어당긴다

본능적으로 감지한다. 어떤 사람에 대해서는 그 사람이 불운을 겪는다는 얘길 들어도 "아니, 그 사람 어떻게든 잘해낼 거야. 그 사람은 무시할 수 없어"라고 말하며, 그렇게 말할 수밖에 없는 무언가를 인정하기도 한다. 그것은 바로 그 사람이 지니고 있는 정신 자세 때문에 그렇게 되는 것이다. 그러니 마음을 긍정의 힘으로 밝고 힘차게, 말끔히 정리하자!

우연 같은 것은 존재하지 않는다. '끌어당김'은 '끌어당김'의 작용 때문에 발생하는 모든 것에 관여한다. 아무리 사소한 일이라도 우연히 일어난 일은 없다. 어떤 일을 찾아 마지막까지 분석해보면, 그것이 '끌어당김'의 결과였음을 알게 된다. 천체의 움직임으로부터 겨자씨가 성장하는 일까지, 모든 것은 '끌어당김'의 결과다. 산비탈을 따라 돌이 떨어지는 현상도 우연이 아니다. 수백 년에 걸쳐 작용해온 힘이 그 일을 일으켰다. 그리고 그 원인의 뒤에는 다른 원인들이 있었고, 그렇게 따지다 보면 결국, 원인 없는 궁극의 원인에 도달하게 된다.

인생은 우연의 결과가 아니다. 인생은 '끌어당김'이다. 우리가 '끌어당김'을 알든 모르든, '끌어당김'은 완전하게 작동하고 있다. 우리가 '끌어당김'이 작동하는 것을 모르는 무지한 사람이어서, '끌어당김'에 반하는 온갖 종류의 고생을 사서 할 수도 있다. 반대로 '끌어당김'을 깨달아 그 '끌어당김'의 흐름을 제대로 따라 성공적인 인생을 경영하게 될 수도 있다. 결국 문제는 우리가 어떤 생각을 갖고 있느냐이다.

다시 한 번 말하지만, 우리의 생각은 우리의 실체다. 우리의 생각은 비슷한 종류의 생각과 결합되어, 당신을 중심으로 사방으로 퍼져나간다. 다른 성격의 생각과 부딪치기도 하고, 때로는 짝을 맞추기도 하여 끌어당겨지는 곳을 향해 나간다. 그리고 우리의 생각과 반대되는 생각의 중심으로부터는 멀어진다. 우리의 마음은 의식적이든 무의식적이든 다른 사람들로부터 전송된 생각을 끌어당긴다. 그러나 자기의 생각과 조화를 이루는 생각만 끌어당긴다. 생각은 같은 것끼리는 끌어당기고 반대되는 것끼리는 서로 밀쳐낸다.

용기, 자신감, 활력, 성공을 마음의 기본방침으로 정하면, 긍정적 성질의 생각, 긍정적 성격의 사람, 긍정적인 정신의 분위기에 어울리는 것들만을 끌어당긴다. 언제나 우리의 지배적인 생각이나 분위기가 무엇을 끌어당길지를 결정하여 우리 내면의 정신적 파트너를 고르는 것이다.

지금 우리 마음속 깊은 곳 내면의 엔진에서는 우리 인생의 중요한 일에 조화를 이루고 기쁨과 힘을 주는 다른 생각이나 사람 그리고 외적조건과 일들을 끌어당기기 위한 시동을 걸고 있다. 우리는 같은 생각과 마음을 가진 다른 사람들과 어울리게 될 것이며, 서로에게 끌릴 것이다. 그리하여 우리는 공동의 목표를 갖고 함께 협력하여 성공을 향해 나아갈 것이다.

'끌어당김'의 작용에 따르자. 그것을 우리의 일부분으로 만들고 그 흐름 속에 뛰어들자. 그리고 평정을 유지하자. 용기와 자신감, 성공을 마음의 기본방침으로 정하자. 매시간

수백 명의 마음에서 퍼져 나오는 생각과 모두 접촉하자. 생각의 세계에 있는 최고의 것을 가지자. 그 세계에 가장 좋은 것이 있으니 그것에 만족하자. 좋은 마음과 손을 잡자. '끌어당김'의 진동에 들어가자. '끌어당김' 안에서 힘차게 창조하고, 끝없이 성공하자.

66 당신이 하는 것, 꿈꾸는 것은 모두 이룰 수 있으니, 일단 시작하라. 대담함에는 천재성과 힘과 마력이 들어 있다. 99

괴테

**66** 비전이란 보이지 않는 것을 보는 기술이다. **99**

조너선 스위프트

같은 것들끼리 끌어당기고 반대되는 것들끼리 밀쳐낸다

성공은 성공을 부르고 실패는 부르지 않는다

성공에 대한 생각은 비슷한 생각에만 반응한다. 마음속의 풍요로움은 외면의 풍요로움을 끌어당기는 자석과도 같다. 성공을 긍정적으로 보고, 성공을 좋아하고, 성공을 위해 진정으로 노력하고, 성공을 위한 능력을 발휘하는 것이 성공의 진정한 힘이다. 그는 행복하게 일하고 또 일할 것이며, 행복하게 일할수록 더 많이 성공할 것이다. 그리고 그는 주변 사람들을 위해 주고 또 줄 것이며, 그리하여 더 많이 줄수록, 더 많이 주위로부터 받을 것이다.

이처럼 긍정적인 생각은 성공을 작동시키는 에너지로,

우리의 삶에서 '끌어당김'을 통한 풍요로움으로 구현된다.

　나약함의 근원과 마찬가지로, 용기와 힘의 근원도 마음속에 존재한다. 실패뿐만 아니라 성공의 비밀도 마음속에 있다. 모든 것은 마음속으로부터 시작한다. 이는 자연현상에서 분명히 드러난다. 인간의 삶 자체가 살아 있는 증거이다.
　하지만 시대를 통틀어 반복되는 실수는 내 마음속이 아닌 내 밖의 외부에서 힘을 찾는 것이다.

　온 우주에 충만한 이 '끌어당김'의 법칙을 이해하면, 삶에서 마법과도 같은 변화를 일으키는 마음 상태를 얻을 수 있다. 나의 앞날에는 황금과도 같은 기회가 넘칠 것이고, 그 기회를 적절히 이용할 수 있는 능력과 지혜가 솟아날 것이다. 친구들이 자발적으로 나를 찾아오고, 환경은 나에게 유리하도록 저절로 맞춰질 것이다.

　힘, 용기, 성공은 마음속에 있는 긍정의 결과물이다. 좌절

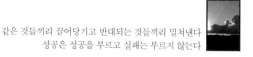

과 궁핍, 절망과 실패는 부정적 마음의 결과다. 긍정적 마음이 긍정적 결과를 낳고 부정적 마음이 부정적 현실을 만든다. 그러므로 **우리가 결단해야 할 것은 부정적 마음을 버리고 긍정적 마음을 선택하는 일이다. 우주와 신에게 기도하고 믿으라. 우리는 불행해지기 위해 태어난 것이 아니라 행복해지기 위해 태어난 것이란 사실을. 실패를 위한 삶이 아니라 성공을 위한 삶이라는 믿음을 가져라. 우주와 신이 도와준다.**

'끌어당김'을 깨닫는 순간 실패는 성공으로 바뀐다. 실패, 절망, 궁핍, 한계, 불화에 대한 생각은 용기, 힘, 영감, 조화에 대한 생각으로 대체된다. 이러한 생각이 자리를 잡으면 신체 세포는 변하게 되고, 사람은 인생을 새로운 각도에서 보게 된다. 과거의 것들은 사실상 사라지고, 모든 것들은 새로워진다. 정신이 새로 탄생하면서, 우리는 다시 태어난다. 우리에게 인생은 새로운 의미를 지닌다. 우리는 지금까지는 전혀 보지 못했던 성공의 기회를 알아보고, 이전에는 아무런 의미도 없던 가능성을 알아본다. 우리가 갖게 된 성공에 대한 생각은 주변 사람들에게 퍼져 나간다. 이제 우리 주변 사람들이 우리를 앞으로, 위로 나아가게 도와준다. 우리는 성공한 새로운 동료들을 자신에게 끌어당긴다. 그리고 이는 다시 우리의 환경을 변화시킨다. 이렇게 긍정적인 생각을 계속 일으키면 우리 자신뿐 아니라 환경, 상황, 조건까지 변한다.

우리는 이제 우리 앞에 새로운 날이 열릴 것임을 알게 될 것이다. 그리고 우리의 가능성은 당황스러울 정도로 크고, 매혹적이고, 무한하다는 사실 또한 알게 될 것이다.

마음은 '끌어당김'을 통해 움직인다. 우리는 남이 내 생각대로 행동하게끔 영향을 주려는 게 아니다. 모든 사람에게는 스스로를 위해 선택할 권리가 있다. 이것과는 별도로, 우리는 자연스럽지만 강력한 끌어당김에 반대되는 불편하고 억압적인 또 다른 강력한 법칙에 의해 움직일 수도 있다. 후자의 경우은 파괴적이다. 조금만 생각해봐도 자연의 모든 위대한 법칙들은 조용히 작동하고 있으며 그 기본이 되는 원칙은 '끌어당김'의 법칙이라는 사실을 확인할 수 있다. 억지로 폭력을 행사하는 이론과 신념은 지진이나 참사와 같은 파괴적인 과정뿐이다. 그런 식으로는 어떤 좋은 것도 성취되지 않는다.

성공하기 위해, 심한 경쟁을 벌여서는 안 된다. 우리는 다른 사람에게서 무언가를 빼앗고 싶은 게 아니라 스스로 무언가를 창조하고 싶을 뿐이다. 우리는 다른 사람들도 원하는 것을 가질 수 있기를 바란다.

우리의 성공은 누군가로부터 빼앗아야 하는 것이 아니다. 조물주의 재산 창고는 화수분과 같다. 만약 어디에서라도 공급이 부족해 보이면, 그것은 단지 보급경로가 아직 완전하지 않아서다.

다시 한 번 강조하고 싶다. 성공한 사람이 되는 것은 '끌어당김'의 법칙을 알아차리느냐 아니냐에 달려 있다는 사실을.

마음은 창조자일 뿐 아니라 모든 존재하는 것의 유일한

창조자이기도 하다. 우리가 그것을 만들어낼 수 있다는 사실을 알고 적절한 노력을 기울이기 전에는 어떤 것도 만들어낼 수 없는 게 분명하다. 전기가 100년 전에 비해 오늘날 세상에 더 많이 있는 것은 아니었다. 누군가가 전기를 이용할 수 있는 법칙을 알아내기 전까지는 전기로 인한 이익을 전혀 얻지 못했다. 이제 그 법칙을 이해했기 때문에 전 세계는 전기에 의해 환해졌다. 성공의 법칙도 마찬가지다. 그 법칙을 이해하고 그 법칙과 조화롭게 행동하는 사람만이 그 법칙이 주는 이익을 나눌 수 있다.

성공의 법칙을 이해하면, 용기, 충절, 기지, 명민함, 개성, 적극성과 같은 특정한 정신적, 도덕적 자질이 향상된다. 이러한 자질은 물론 생각의 일종이고 또 생각이 긍정적이기 때문에 그 자질들은 스스로의 상태에 어울리는 객관적인 상황을 만들어 나간다. 개인의 사고능력은 우주의 마음에 영향을 미쳐 그것을 드러내고 실현시키는 능력이기 때문에 이는 필연적으로 사실일 수밖에 없다. 그 과정을 통해 인간은 우주의 진정한 뜻과 의미를 실현시키는 통로가 된다. 모든 생각은 원인이고, 모든 상황은 결과다.

'끌어당김'은 우리에게 초월적인 가능성을 부여한다. 기회를 만들고 그것을 인식하여 상황을 제어하는 것이 바로 그러한 가능성에 속한다. 이렇게 기회를 창조할 수 있다는 것은 사고력과 같은 중요한 자질 및 재능이 존재하거나 만들어졌다는 의미이다. 그 결과, 미래의 어떤 사건도 막을 수 없는 힘을 자각하게 된다. 우리가 각자 추구하는 목적과 목표에 맞는 조화로운 행동을 할 수 있는 것은 바로 이러한 힘을 자각하고 마음속으로 성공이나 승리를 위해 준비하기 때문이다. '끌어당김'의 법칙은 이렇게 작동하며, 이 법칙은 모든 이에게 공통적으로 들어 있는 재산이기 때문에 그 법칙이 작동하는 과정을 깨닫고 아는 사람은 누구나 이를 이용할 수 있다.

용기는 고상하고 고결한 감정이다. 명령이나 복종이 모두 용기를 필요로 하기 때문에, 용기는 양쪽 모두에 똑같이 어울린다. 진정한 용기는 차분하고 침착하고 냉정하며, 결코 무모하거나 싸움을 좋아하거나 심술궂거나 다투길 좋아하지 않는다.

저축은 찾아올 더 중요한 기회를 이용할 수 있도록 현재 계속적으로 받는 공급품의 일부를 비축하고 보전하는 능력이다. "무릇 있는 자는 받아 넉넉하게 된다"라는 말도 있지 않은가? 모든 성공한 사업가의 경우, 이 능력이 잘 개발되어 있다. 엄청난 유산을 남기고 세상을 떠난 제임스 힐James J. Hill은 이렇게 말했다. "자신이 인생에서 성공할지, 실패할지 그 운명을 알고 싶다면, 쉽게 알아낼 수 있다. 돈을 모을 수 있는가? 만약 돈을 모을 수 없다면, 당신은 실패할 것이다. 당신은 그렇지 않을 것이라고 생각하겠지만, 분명 실패할 것이다. 성공의 씨앗이 당신 안에 존재하지 않기 때문이다."

저축하고 싶어 하는 마음은 탄력을 받는다. 더 많이 모을수록 더 많이 바라게 되고, 더 많이 바랄수록 더 많이 모으게 된다. 저축하는 마음을 이기심이나 탐욕, 인색함과 혼동해서는 안 된다. 이기심, 탐욕, 인색함은 긍정의 마음 속엔 들어설 수 없는 것으로 그것들과 함께 있는 한 어떤 성공도 불가능할 것이다.

적극성은 마음의 창조적 본능이다. 모든 성공한 사업가는 계획을 세우고 그것을 발전시키거나 구성하는 능력이 남다르게 뛰어나다. 비즈니스 세계에서는 그런 태도를 대개 진취적이라고 말한다. 새로운 아이디어와 새로운 실행 방법이 개발되어야 한다. 긍정의 힘은 창조의 본능을 일깨우고 적극성을 부추긴다. 적극성은 세우고, 설계하고, 계획하고, 고안하고, 발견하고, 개선하는 과정에서 명백히 드러난다. 적극성은 가장 소중한 자질로, 격려되고 개발되어야 한다. 모든 사람들은 적극성을 어느 정도씩 갖고 있다. 사람은 모든 사물이 생겨나는 무한하고 영원한 에너지를 알고 있는 중심이기 때문이다.

총명함은 자연의 법칙을 이해하고 그 법칙과 협력하는

능력이다. 진정한 총명함은 부패를 피하듯이, 속임수와 기만 또한 피한다. 우리가 사물의 본질을 꿰뚫고 필연적으로 성공적인 상황을 만들어낼 원인에 시동을 거는 방법을 이해할 수 있는 것은 그 깊은 통찰력 덕분이다.

재치는 사업을 성공하는 데 매우 민감한 동시에 매우 중요한 요소다. 이는 직감과 상당히 비슷하다. 재치가 있으려면, 감정이 섬세해야 하며, 무슨 말을 할지, 무슨 일을 해야 할지 본능적으로 알아야 한다. 또한 공감능력과 이해력이 있어야 하는데, 모든 사람들이 보고, 듣고, 느끼지만, '이해할 수' 있는 사람은 무척이나 적기 때문에 이해력을 갖추기는 힘들다. 재치 있는 사람은 무슨 일이 일어날지 내다보고 행동의 결과를 계산할 수 있다. 그리고 신체적, 정신적, 도덕적 청결함이 언제 나타나는지 느낄 수 있다. 오늘날 신체적, 정신적, 도덕적 청결함은 항상 성공의 대가로 요구된다.

충성은 강인하고 인격적인 사람들을 한데 묶는 가장 강

력한 고리 중 하나다. 그것은 아무런 벌도 받지 않고 무사히 끊을 수 있는 고리가 아니다. 친구를 배신하느니 차라리 오른손을 포기할 사람에겐 늘 친구가 많다. 필요하다면 죽을 때까지 우정의 전당 옆에서 조용히 보초를 설 사람은 바람직한 상황만을 끌어당길 우주의 힘의 흐름과 자신이 연결되어 있음을 알게 될 것이다.

**66** 여기 또다시 푸른 날이 밝아온다. 생각하라,
그대는 이 하루를 헛되이 보내겠는가? **99**

토머스 칼라일

# 8

비슷한 것들끼리의 끌어당김

지혜는 육체를 찬미하고 욕망을 긍정하며
정신의 훌륭함을 하나로 고양시킨다

이미 우리가 알다시피 비슷한 것끼리는 서로 끌어당긴
다. 만약 우리가 모든 사물의 근원인 무한한 힘과 하나가 되
는 현실에 도달하면, 우리가 원하는 모든 것을 풍부하게 갖
게 해줄 힘을 우리 자신 안에 갖게 되는 것이다. 이처럼 우리
는 우리가 바라는 상황을 항상 현실로 만들 수 있는 힘을 소
유할 수 있다.

가난을 높게 평가하고 인간의 욕망을 멸시하는 오래된
생각은 근거 없는 잘못된 생각이다. 그런 생각으로부터 빨리
벗어나면 벗어날수록 좋다. 그 생각은 육체와 정신 간의 싸

움이 필연적으로 생겨날 수밖에 없다는 전제 아래, 육체와 정신을 악마와 천사의 싸움으로 보고 그 결과로 금욕주의와 같은 그릇된 신념을 널리 퍼뜨렸다. **진정한 지혜는 육체를 긍정하고 정신을 높인다. 육체의 건강한 욕망과 정신의 훌륭함을 하나로 고양시킨다. 위대한 우주는 진정으로 현명하다. 그래서 자신에게 부여된 힘과 능력을 제대로 이용하는 사람에게는 내세뿐만 아니라 현세에서도 항상 보물창고를 열어둔다.**

만약 우리가 실업자가 되었다면, 그리고 우리가 다시 취직하지 못할 것이라는 두려움에 무릎을 꿇으면, 재취업까지 시간이 오래 걸리거나 새로 얻은 일자리가 아주 형편없을 가능성이 높다. 상황이 어떻든 닥친 어려움을 이겨낼 힘과 능력이 우리 안에 있음을 깨달아야 한다. 이러한 힘을 발휘하면 우리가 놓쳐버린 상황보다 훨씬 더 나을 수도 있는 상황을 끌어당길 자석을 갖게 될 것이다. 그리고 우리가 과거에 그 기회를 놓쳤다는 사실에 감사할 때가 곧 올 것이다.

지혜는 육체를 찬미하고 욕망을 긍정하며
정신의 훌륭함을 하나로 고양시킨다

우주의 모든 사물을 창조하고 지배하는 무한한 힘이 우리 안에서, 그리고 우리를 통해 작동한다는 사실을 인정하자. 생각은 힘이고, 그 생각이 올바로 사용되고 현명하게 감독되면 미지의 신비로운 힘을 갖게 된다. 그러니 적절한 때에 적절한 방식으로, 우리의 생각을 밖으로 내보내자. 우리 자신에게 필요한 상황이 다가올 때 알아볼 수 있도록 생각을 내보내자. 비유컨대, 우리가 정신의 신문에 구직광고를 낸다면, 이 신문은 발행장소가 한정된 게 아니어서 지구뿐 아니라 우주 끝까지도 배달될 것이다. 또한 이 광고는 제대로 실리기만 한다면 우리가 지면에 낼 수 있는 그 어떤 광고보다도 훨씬 효과적일 것이다. 왜냐하면 이 광고는 우주와 신이 보는 광고이기도 하니까.

새로 얻은 일자리가 정확히 자신이 원하던 자리가 아니라면, 그리고 우리가 더 나은 역할을 할 수 있다고 느껴진다면, 그 일이 더 나은 일자리로 인도해줄 디딤돌이라고 생각하자. 꾸준히 이렇게 생각하고 확인하고 믿고 기대하면서,

늘 지금 처한 자리에 충실하자. 만약 우리가 현재 일에 충실하지 않으면, 지금의 자리는 더 나은 자리가 아니라 더 형편없는 자리로 떨어지는 디딤돌이 될 것이다. 우리가 지금의 자리에 충실하면, 예전에 일자리를 잃었다는 사실에 도리어 기뻐하고 감사할 날이 금방 찾아올 것이다.

" 내가 보아온 인생 최고의 성공자들은 모두가 늘 명랑하고 희망에
가득 차 있었다. 또 웃는 얼굴로 일을 해나가고, 생활에 일어나는
여러 변화나 기회가 즐겁거나 슬프거나 남자답게 당당히 맞아들
였다. "

찰즈 킹즐리

66 어제는 부도난 수표이다. 내일은 약속어음이다. 오늘이야말로
유일한 현금이다. 현명하게 사용하라. 99

리온스

# 9

믿고 나아가라

신이 인간을 창조할 때
가난과 실패는 없었다

사람들은 실패의 좌절과 분노가 아닌 성공의 기쁨과 즐거움을 표현할 때 행복을 느낀다. 그러나 사람들의 문제는 성공과 부가 자신에게 흘러들어올 수 없도록 그리고 자기 스스로가 훌륭해질 수 없도록 자기 본성을 막아버리는 것이다. 달리 말하면, 사람들은 '끌어당김'에 따라 행동하지 않는다. 성공과 부는 수학법칙처럼 엄격한 법칙을 따른다. 우리가 그 법칙을 따르면, 우리에겐 많은 것이 흘러들어올 것이다. 반대로, 그 법칙을 어기면, 무한히 공급될 것이 차단되고 만다. 공급량이 문제가 아니다. 성공과 부는 세상 사람들 모두를 기다린다.

성공은 마음속에서부터 시작한다. 성공에 적대적인 마음을 가져서는 성공할 수 없다. 자신이 바라는 것을 몰아내는, 실패와 가난에 찌든 마음가짐으로는 성공을 끌어당길 수 없다. 아무리 절실하게 성공을 바란다고 해도 가난에 찌든 초라한 정신 상태는 성공에 이르는 모든 길을 차단할 것이다. 부와 성공은 가난과 실패의 사고 통로를 통해서는 발생할 수 없다. 부와 성공은 먼저 정신적으로 만들어져야 한다. 우리는 성공에 이르기 전에 먼저 성공을 생각해야 한다.

편안하고 사치스런 물건, 멋진 집, 좋은 옷, 여행과 여가를 즐길 수 있는 기회 등 다른 사람들은 좋은 것을 많이 누리지만, 정작 자신은 그렇지 않다는 사실을 당연하게 받아들이고 있지 않은가! 우리는 이렇게 좋은 것이 자신의 것이 아니며, 자신과는 전혀 다른 딴 세상 사람들 것이라는 확신에 안주하고 있지 않은가!

왜 우리는 그들과 다른 부류에 속해 있는가? 그것은 단지 우리가 스스로를 다른 부류라고 생각하기 때문이다. 자기 자신이 열등한 부류에 속한다고 생각하고 자신에게 한계를 두기 때문이다. 우리는 자기 자신과 다른 많은 사람들 사이에 빗장을 걸고 있다. 우리는 마음을 닫음으로써 풍요로움을 차단하고, 무한한 공급의 법칙이 우리를 위해서 작용하지 못하게 만든다.

**세상에서 가장 나쁜 생각 중 하나는 가난과 실패가 불가피하다는 생각이다. 사람들의 끈질긴 선입견 가운데 하나는 누군가는 반드시 가난하고 실패할 수밖에 없다고 강하게 확신하는 것이다.** 사람들 생각에는 가난하도록 만들어진 특정한 사람들이 있다는 것이다. 하지만 신이 처음 인간을 창조할 때, 가난이나 궁핍 같은 것은 전혀 없었다. 이 세상에는 가난한 사람이 존재할 필요가 없다. 세상은 아직 손도 대지 않은 자원으로 가득 차 있기 때문이다. 우리는 단지 자신의 희망을 꺾는 생각 때문에 풍요 속에서도 가난했던 것이다.

우리는 힘겹게 생계를 꾸리고 간신히 살아가고 약간의 위안을 얻는 데 만족하고 삶을 살아가도록 계획되어 있지 않았다. 반대로 풍부하고 자유롭고 아름다운 삶이 우리에게 예정되어 있었다.

우리에겐 신성한 공급원에 대한 무조건적인 신뢰가 부족하다. 우리는 아이가 부모를 대하듯 무한의 공급원에 대해 똑같은 관계를 가져야 한다. 아이들은 "더는 못 먹게 될까 봐 이 음식을 감히 못 먹겠어요"라고 말하지 않는다. 애초에 이 모든 것들이 생긴 곳에 더 많은 것이 있고 우리에게 필요한 모든 것이 공급될 거라는 절대적인 믿음과 확신을 가져야 한다.

우리는 우리 자신이 가진 가능성에 확고한 믿음이 없다. 자신에 대해서도 기대하지 않는다. 신성한 무한의 공급자에게 우리가 충분히 요구하지 않는 탓에 우리는 불충분하게, 부족하게 얻어낸다. 우리는 부족함이 분명한데도 많은 것을 요구하지 않는다. 그래서 우리의 삶이 빈약하고 불완전한 것이다. 우리는 당당히 요구하지 않는다. 너무나도 작은 사물의 가치에 만족해 있다. 우리는 풍요로운 삶을 살도록 좋은 것을 많이 갖도록 예정되어 있음에도 말이다 .

우리의 마음에서 모든 그림자와 의심, 두려움, 빈곤과 실패를 암시하는 것을 죄다 지워버리자. 우리가 생각을 지배하게 되면, 그리고 자기 마음을 지배하는 법을 알게 되면, 성공이 우리에게 오는 것을 알 수 있다. 낙담, 두려움, 의심, 자신감 부족은 수만 명의 성공과 행복을 짓밟아버린 병균이다.

모든 사람들은 자신의 야망에서 맡은 역할을 해야 한다. 성공한 사람이 되려고 노력한다면, 우리는 그 역할을 해야 한다. 부자임을 보여주려고 노력한다면, 나약하지 않게 정력적으로, 당당하게 그 역할을 해야 한다. 부자라고 느끼고, 풍요를 생각하고, 부자처럼 보여야 한다. 우리의 태도는 자신감으로 가득 차야 한다. 우리는 우리 자신이 그 역할을 충분히 해낼 정도로 카리스마 넘치는 인상을 줘야 한다. 당대 최고의 배우가 자신의 존재감 자체로 압도하는 당당하고 매력적인 주인공을 맡았다고 치자. 그런데 정작 부자가 되는 과정을 연기해야 하는 그 배우가 가난뱅이처럼 옷을 입고, 아무런 야심도, 활력도 없는 것처럼, 그리고 자신이 정말 돈을 벌 수 있을지, 사업에서 성공을 거둘지 확실한 믿음이 없는 것처럼 무대 위에서 꾸부정하고 엉성한 태도로 걸어 다닌다고 생각해보자. 그가 미안해하고 주눅 든 모습으로 무대 위를 돌아다니며 이렇게 말한다고 생각해보자.

"난 내가 이 일을 해낼 수 있다고 믿지 않아요. 이 일은 내게 너무 벅차니까요. 다른 사람들은 성공했지만, 난 한 번도 부자가 되거나 성공한 사람이 될 거라고 생각한 적이 없어요. 어쨌든 나는 좋은 일과 어울리지 않는 것 같습니다. 난 그저 평범한 사람입니다. 경험도 많지 않고요, 내 자신에 대해 자신감도 많지 않습니다. 내가 부자가 된다거나 세상에서 영향력 있는 사람이 될 것이라고 생각하는 게 주제넘은 것 같습니다."

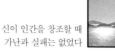
그 배우는 객석의 관중에게 어떤 인상을 주겠는가? 그가
신뢰감을 주고 강인함이나 파워를 발산하겠는가? 그런 정신
적인 약골이 재산을 모으고 돈을 모으는 상황을 능숙하게 다
루는 것이 가능하다고 생각할 수 있겠는가? 당연히 모두가
그 사람은 실패자라고 말하지 않겠는가? 그가 인생의 승리자
가 된다는 생각에 사람들이 비웃지 않겠는가?

마음속의 가난을 이겨낼 수 있다면, 곧이어 외부 상황의
가난도 극복할 수 있다. 왜냐하면 우리가 마음가짐을 바꾸
면, 신체 역시, 그에 맞게 바뀌기 때문이다.

가난에 대한 생각을 계속 갖고 있으면, 빈곤에 찌든, 빈
곤을 유발하는 상황과 계속 접촉하게 된다. 그리고 끊임없이
가난에 대해 생각하고 이야기하고 가난하게 살면, 정신적으
로도 가난하게 된다. 이는 가장 나쁜 종류의 가난이다.
우리는 성공을 직면하고 나서야 성공을 향해 나아갈 수 있
다. 절망을 쳐다보는 한, 기쁨의 항구에 도착하지 못할 것이다.

세상에는 가난하게 사는 것을 무기력하게 받아들이고 가난에서 벗어나려고 애쓰기를 포기한 사람들이 있다. 그들은 열심히 일할 수도 있지만 부유하게 살 수 있다는 희망을 스스로 저버리고 가난을 선택한 사람들이다.

　많은 사람들이 가난을 두려워하며 실패한 채로 불행하게 살아간다. 그들은 가난한 상황을 곱씹음으로써 궁핍하게 되었고, 먹고살 게 충분하지 않을 수도 있다는 가능성을 또 다시 곱씹으며 살아간다. 그러면서 나는 성공한 사람으로 태어나지 않았다고 스스로의 운명을 저주하고 체념한다.

　제발, 우리 스스로를 스스로가 망가뜨리는 잘못된 생각에서 벗어나자. 새도 날려면 알을 부수는 게 아닌가. 왜 가난과 실패를 생각하는가. 시간이 없다. 남겨진 시간이 부족하다. 지금, 당장, 이 자리에서부터, 더 이상 부정적 생각은 하지 말자. 나쁜 것은 보지 말자. 가난과 실패의 생각을 영원히 지워버리자. 오직 성공을, 훌륭한 인간의 풍요를, 성숙한 내면의 기쁨만을 생각하자. 용기와 성공에 대한 신념을 갖자. 세상의 어떤 것도 나의 결심을 돌려놓을 수 없을 것이라고 마음을 먹자. 결심을 하면, '끌어당김'을 믿으면, 갑자기 우리에게 새로운 힘이 불끈 솟고, 자신감과 확신, 자존심이 높아지는 것을 확실히 느끼고 놀라게 될 것이다.

　모을 수 있는 힘을 모두 모아 결심하자. 이 세상에는 모든 사람들이 누릴 수 있는 좋은 것들이 많기 때문에 어느 누구에게도 상처를 주거나 강제하지 않으면서도 내 몫을 가질 수 있다고 생각하자. 우리는 훌륭하다. 우리는 힘과 부를 누릴 사람으로 예정되어 있었다. 그것은 우리가 태어나면서 가진 권리다. 우리는 성공할 수밖에 없는 사람이고 행복을 누리도록 만들어진 사람이다. 그러니 우리의 신성한 운명에 도달하기로 지금 당장 결심하고 나아가자.

**66** 인생의 위대한 목표는 지식이 아니라 행동이다. **99**

올더스 헉슬리

우리의 마음 깊은 곳에는
우리가 모르는 초월적인 힘이 숨어 있다

우리는 알고 있다. 단순히 생각하는 것과 의식적으로, 체계적으로, 생각하는 것이 다르다는 사실을. 이 두 가지가 다르다는 사실을 깨달을 때, 우리는 우주의 마음과 조화롭게 어울리는 마음을 가질 수 있고, 무한한 힘을 끌어당길 수 있으며, 존재하는 힘 중에 가장 강력한 우주의 창조력을 가동할 수 있다. 다른 모든 것과 마찬가지로, 우주의 창조력도 '끌어당김'이라는 자연의 법칙에 의해 다스려진다. 이 '끌어당김'에 따르면, 마음은 우주와 신의 목적과 자동적으로 연관되어 창조적으로 그 목적을 드러낸다.

우리는 '끌어당김'을 이용하여 우리 자신을 끊임없이 창조할 수 있다. 현재 우리의 모습은 과거에 품었던 생각의 결과이고, 내일의 우리는 오늘 우리가 생각하는 모습이다. '끌어당김'은 다른 사람이 갖고 있는 것을 우리가 좋아하기 때문에 우리에게 가져다주는 것이 아니라 의식적이든 무의식적이든 우리 자신이 생각의 과정을 통해 스스로 만들어낸 것만을 가져다준다.

마음속 이미지를 만들어라. 분명하고, 뚜렷하고 완벽하게 만들어라. 그리고 그 이미지를 단단히 붙잡아라. 그리하면 적절한 방법과 수단이 알맞게 적용될 것이고, 공급이 수요를 따를 것이다. 우리는 제때에 올바른 방법으로 맞는 일을 하도록 인도될 것이다. 진정한 소망은 확신에 찬 기대감을 일으킬 것이고, 이는 다시 견고한 요구로 강화된다. 진정한 소망, 확신에 찬 기대감, 견고한 요구 이 세 가지는 목표 달성을 가져올 수밖에 없다. 진정한 소망이 느낌이고, 확신에 찬 기대감은 생각이며, 견고한 요구는 의지이기 때문이다. 알다시피, 느낌은 생각에 활력을 불어넣고, 의지는 생각이 현실로 드러날 때까지 생각을 착실히 붙잡고 있다.

우리의 마음속에 우리 자신도 모르는 초월적인 힘이, 그 토록 엄청난 힘이 숨어 있다는 게 놀랍지 않은가? 그런데도 우리는 늘 우리의 마음 '속이 아닌 밖'에서 힘과 능력을 찾으려고 헤맨다. 정말 이상하게도 우리는 '자기 마음'을 제외한 다른 모든 곳에서 힘을 찾아보라고 배워온 것이다. 그리고 우리의 삶에서 이 힘이 명확히 드러날 때마다 사람들은 그것을 자기 내면의 것이 아닌 초자연적인 것이라고 설명해왔다.

다른 한편 마음속 놀라운 힘을 알게 되어 건강, 능력 등의 여러 조건을 실현하기 위해 성실하게 노력했어도, 꽤 많은 사람들이 실패하고 있다. 그것은 '끌어당김'을 제대로 작동시키지 못했기 때문이다. 그들은 돈, 능력, 건강, 부를 원하지만 이것들은 어떤 원인의 결과일 뿐, 우리가 이것들을 성취하여도 그 원인을 알아야 가능하다는 사실을 제대로 깨닫지 못하고 있는 것이다.

그렇다면 당신은 당신이 원하지 않는 것이 아니라 원하는 것에 집중해야 한다. 훌륭함에 대해서 그리고 부에 대해 생각하라. 훌륭함과 부의 법칙을 작동시키기 위한 이상적인 방법과 계획을 추구하라. 훌륭함과 부가 만들어내는 조건을 상상하라. 그리하면 이러한 모든 행위가 결국 현실로 나타날 것이다.

일반적으로 우리는 너무 조바심을 내고, 불안감과 두려움, 걱정을 드러낸다. 그래서 무언가를 하길 원하면서도, 피하고 싶어 한다. 우리는 방금 씨앗을 심어놓고 15분마다 땅을 헤집으면서 씨앗이 자라고 있는지 살펴보는 아이와도 같다. 물론 그런 상황에서는 결코 싹이 트지 않는데, 많은 사람들이 바로 이렇게 행동하는 것이다.

씨앗을 심고 그냥 조용히 놔둬야 한다. 그렇다고 그냥 가만히 앉아 아무것도 하지 말아야 한다는 얘기는 아니다. 전보다 더 많이, 더 훌륭하게 일하면, 새로운 경로가 계속해서 제공되고 새로운 문이 열릴 것이다. 우리에게 필요한 것은 마음을 열고 때가 되면 행동할 만반의 준비를 하는 것뿐이다.

사고력은 지식을 얻기 위한 가장 강력한 방법으로, 어떤 주제에 사고력을 집중하면 문제가 풀릴 것이다. 인간의 이해력을 넘는 것은 어떤 것도 없지만, 사고력을 이용하고 그것이 당신의 의도대로 움직일 수 있게 만들려면, 노력이 필요하다.

스스로에게 몇 가지를 묻고 공손하게 그 대답을 기다려라. 가끔 우리들은 자기 자신을 느끼지 않는가? 우리는 앞장서는가, 아니면 다수를 따르는가? 대다수의 사람들은 항상 뒤를 따르지, 결코 앞장서지 않는다는 점을 기억하자.

지금 절친한 벗을 마음속에 그리고 지난번에 봤던 그대로 그를 보면서 대화를 생각해보자. 이제 그의 얼굴을 확실히 보고, 모두가 관심을 갖는 주제에 대해 이야기하자. 그의 표정변화를 보고 그가 웃는 모습을 지켜보자. 해볼 수 있겠는가? 좋다, 우리는 그렇게 할 수 있을 것이다. 그런 다음, 그에게 모험 이야기를 하여 그의 관심을 자극한 뒤, 그의 눈이 재미나 흥분의 기운으로 불타는 모습을 지켜봐라. 우리가 이 모든 일을 할 수 있을까? 만약 그렇다면, 우리의 상상력은 훌륭하다. 우리는 분명 성공으로 한걸음씩 나아가고 있는 것이다.

66 세상의 중요한 업적 중 대부분은 희망이 보이지 않는 상황에서도
끊임없이 도전한 사람들이 이루어낸 것이다. 99

데일 카네기

> 66 절대로 고개를 떨어뜨리지 마라. 고개를 치켜들고 세상을 똑바로 바라보라. 99
>
> 헬렌 켈러

# 11

지혜로운 끌어당김

## 지식을 넘어 지혜로!

우리의 두뇌와 육체, 정신, 재능 등은 성공을 성취하기 위한 도구들이다. 하지만 중요한 점은 그런 도구들 자체가 우리를 성공하게 만들어주는 것은 아니라는 것이다. 총명한 두뇌와 훌륭한 정신과 남다른 재능을 갖고 있다고 해도 그것을 훌륭한 방식으로 사용하지 않으면 아무 결과도 얻지 못한다. 재능과 능력은 훌륭한 방식으로 사용해야만 성공한 사람이 될 수 있는 것이다. 그리고 그것을 좌우하는 것이 바로 지혜다.

성공하고자 하는 사람에게는 반드시 지혜가 필요하다.

지혜란 곧 최선의 목표와 그것을 이루기 위한 최선의 방법을 인식하는 힘이며 또 어떻게 행동하고 무슨 일을 해야 하는지 판단할 줄 아는 능력이다.

그런데 지혜로운 사람이 되려면 먼저 지식이 있어야 한다. 무지한 사람은 자신이 해야 할 일을 분별하지 못하고 지혜로워질 수도 없다. 그런데 자기 자신보다 더 많은 지식을 가진 초월적 힘과 스스로를 연결하고 그로부터 힘을 얻지 못하는 사람은, 결코 지혜를 얻지 못한다. 우리가 아는 훌륭한 인물들은 모두 그렇게 했다. 인간 스스로가 가진 지식은 제한되어 있고 불명확하므로 혼자 힘으로는 지혜로워질 수 없다. 오로지 신만이 모든 지식과 진리를 알고 있으며 진정한 지혜를 갖고 있다. 그리고 인간은 우주와 신으로부터 지혜를 얻을 수 있다. 예를 들어 에이브러햄 링컨을 떠올려보라. 그는 제대로 된 교육을 받지 못했지만 진실을 인식할 줄 아는 힘을 갖고 있었다. 링컨은 어떤 상황에서도 옳은 일이 무엇인지 판단할 줄 아는 능력, 그리고 옳은 일을 하려는 의지와 능력을 갖추는 것이 곧 지혜로움에 이르는 길임을 우리에게 일깨워준다.

　노예제도를 둘러싼 수많은 논쟁이 벌어지고 많은 미국인들이 옳은 일과 정의가 무엇인지 혼란스러워 할 때도 링컨은 결코 분별력을 잃거나 흔들리지 않았다. 그는 노예 찬성론자들이 내놓는 주장의 허점을 간파하고 있었고, 그와 동시에 노예 반대론의 문제와 극단적 성향 역시 이해하고 있었다. 또 그는 어떤 목표를 추구해야 하는지, 그 목표를 이루기 위한 가장 현명한 방법이 무엇인지도 인식했다. 링컨이 대통령의 자리에 오를 수 있었던 것은, 그가 진실을 보는 눈을 가진 훌륭한 인물임을 모든 국민이 알았기 때문이다. 진실을 식별할 줄 알고 올바른 일을 행하는 분별력을 지닌 사람은 다른 이들의 존경을 받을 수밖에 없다. 이 세상이 필요로 하고 원하는 사람은 그런 사람이다.

　링컨 주위에는 유능하다고 인정받는 측근과 조언자들이

늘 넘쳤지만, 그들은 의견 충돌과 갈등을 겪을 때가 많았다. 많은 행정부 참모들이 수시로 링컨의 정책에 반대했고, 북부의 여러 주도 그가 내놓는 의견에 반대하는 경우가 많았다. 하지만 주변의 많은 이들이 피상적 겉모습에 속아 진실을 보지 못할 때에도 링컨만은 진실을 꿰뚫어 보았다. 그는 잘못된 판단을 하는 일이 거의 없었다. 그는 가장 훌륭한 정치가인 동시에 훌륭한 투사였다. 학력도 보잘것없는 링컨이 어떻게 그런 혜안과 지혜로움을 가질 수 있었을까? 그 이유는 그의 두개골이 특정한 형태였거나 지능이 높았기 때문도 아니며, 어떤 신체적 특성 때문도 아니고, 탁월한 이성적 사고 능력 때문도 아니다. 머리가 좋다고 해서 반드시 진실을 보는 눈이 생기는 것은 아니기 때문이다.

링컨이 진실을 볼 수 있었던 것은 '끌어당김'의 영적 통찰력 때문이다. 링컨뿐 아니라 다른 모든 훌륭한 인물에게서도 똑같은 힘을 목격할 수 있다. 그들은 진실을 볼 줄 안다. 하지만 **진실이 존재해야만 우리는 진실을 인지할 수 있으며,**

진실을 인지하는 정신이 있어야만 진실이 존재할 수 있다. 진실과 정신은 분리해서 생각할 수 없다. 우주와 신이 우리에게 원하는 바가 무엇인지 정신 차리고 이해해야만 우리는 진실을 얻을 수 있다. 그리고 그 진실은 우주와 신 그리고 나와 우리 모두를 이어주는 '끌어당김'으로 작동된다.

**66** 사람은 누구나 자기가 할 수 있다고 믿는 것 이상의 일을 할 수 있다. **99**

헨리 포드

# 12

끌어당김의 힘

신의 은총을 받을 수 있다고 믿지 않으면
신은 신중하게 입을 계속 다물고 있다

R. F. 호튼 경Rev. R. F. Horton은 기도와 놀라운 응답, 즉
'끌어당김'에 관한 짧은 일화를 소개해준 적이 있다.

그가 여러 명의 관광객과 노르웨이에 갔을 때였다. 자연
그대로 보존된 습지를 돌아다니던 중에 한 여성이 신발 위에
덧신는 고무장화 한 짝을 잃어버렸다. 그 야생지역을 고무장
화 없이 돌아다니기는 불가능했는데, 설상가상으로 여행의
마지막 목적지인 베르겐Bergen까지 가지 않고는 장화 한 짝
을 새로 살 수 없는 상황이었다. 따라서 그 장화를 찾지 못하
면, 중도에 여행을 포기해야 했다.

모든 일행은 잃어버린 장화를 찾기 위해 부지런히 돌아다녔다. 그들은 자신들이 돌아다녔던 습지와 산기슭을 계속해서 뒤지고 다녔다. 그리고 결국 장화 찾는 일을 포기하고 호텔로 돌아갔다.

하지만 그날 오후, 호튼 박사에겐 다음과 같은 생각이 떠올랐다. "그 장화를 찾게 해달라고 기도를 하면 어떨까?" 그래서 그는 곧바로 기도를 했다. 그리고 그들은 그날 아침 도착했던 피오르드에 다시 찾아갔다. 줄기차게 기도를 올린 그는 배에서 내리자마자 곧장 그 장화를 향해 걸어갔다. 신기하게도 장화는 그가 몇 번이고 지나간 게 확실했던 자리에 있었다.

내게도 비슷한 경험이 있다. 친구 세 명과 함께 시내에서 조금 떨어진 곳에서 모래가 섞인 도로를 따라 자전거를 타고 있었다. 두 명씩 짝을 지어 자전거를 타던 중에 나와 친구 한 명보다 약간 앞서서 2인승 자전거를 밟던 다른 두 친구가 비탈길을 내려가고 있었다. 그런데 바로 그때, 앞선 친구들 자

신의 은총을 받을 수 있다고 믿지 않으면
신은 신중하게 입을 계속 다물고 있다

전거 리벳이 튕겨져 나가면서 체인이 떨어졌다. 자전거는 언덕을 따라 400미터를 굴러가다가 오르막에서 속도가 줄어들었다. 덕분에 친구들은 부상 없이 자전거에서 내려올 수 있었다.

우리 둘은 그 친구들이 가던 길을 따라갔기 때문에 그들의 자전거가 왜 서게 됐는지 원인을 알 수 있었다. 물론 다들 곧바로 이렇게 생각했다. "이 잿빛 먼지 속에서 그 작은 회색 리벳을 찾을 수 있겠어? 아마도 다른 자전거들이 리벳 위를 지나갔겠지. 이런, 여기서 집까지는 5킬로미터나 되는데." 하지만 우리는 모두 오던 길을 되짚으며 부지런히 리벳을 찾았다.

그때 '마음속의 신'에게 도움을 청하지 않았다는 사실이 떠올랐다. 나는 곧바로 혼잣말을 했다. "신이시여, 당신은 리벳이 어디 있는지 아시잖아요. 제발 제게 알려주세요."

나는 그 신이 모든 창조의 법칙인 사랑의 법칙이나 '끌어당김'의 법칙이라고 생각했다. 그리고 그 즉시 우리의 눈이 끌어당겨지길 원하고 있다면, 그 작은 리벳이 눈의 관심을 끌어당길 거라는 생각이 들었고, "리벳, 리벳, 내 눈을 고정시켜"라는 말이 마음속에 떠올랐다.

그때, 나는 다른 사람들보다 뒤처져 있었다. 나는 눈을 부릅뜨고, 천천히, 차분한 마음으로 그 말을 마음속으로 계속해서 되뇌며 걸었다.

그러자 그 리벳이 내 눈을 고정시켰다. 시력이 별로라고 생각하던 내가 리벳을 찾은 것이었다. 나는 우주와 신에 도움을 의지했기 때문에 그런 결과가 발생했음을 안다. 우리 중 어느 누구도 의식적으로 알지 못했지만, 우리가 살아가고 움직이고 존재하는 공간인 우주의 마음에 분명히 자리 잡은 그 지식을 얻기 위해 '끌어당김'의 법칙에 의지했던 것이다.

일전에 나는 인간의 다급한 상황은 바로 신의 기회임을

신의 은총을 받을 수 있다고 믿지 않으면
신은 신중하게 입을 계속 다물고 있다

보여주는 경험을 했다. 여러 해 동안 나는 맞는 기성복을 찾을 수가 없다고 입버릇처럼 말해왔다. 입는 옷마다 허리가 너무 짧거나 앞이 너무 좁고 소매가 너무 꽉 끼었다. 하지만 해마다 내게 맞는 옷을 찾으려고 시도하였다. 다들 알다시피, 모든 것이, 옷과 재단사까지도 발전하고 있기 때문이다.

하얀색 블라우스를 사고 싶었던 나는 기성복을 찾을 수 있을지 궁금해 했다. 스프링필드Springfield에서 가장 큰 옷 가게를 가봤지만, 아무런 소득이 없었다.

그러던 어느 날, 홀리요크Holyoke에서 가장 좋은 옷 가게를 가봐야겠다는 충동을 느꼈다. 실제로 괜찮은 옷을 한두 벌 찾았지만, 딱 내 마음에 드는 것은 없었다. 그래서 나는 포기했다.

그런데 그때, 원하는 옷이 정말 없을 것 같은 상점인데도 들어가보고 싶은 마음이 생겼다. "들어가봤자 아무 소용없을 거야. 어차피 늦기도 했고"라며 나는 그 상점을 지나갈 뻔했다. 하지만 이상하게도 초자연적 존재가 내게 재촉한다는 느낌이 들면서, 밑져야 본전이라는 심정으로 들어가보자고 생각했다.

"그게 신인지 한 번 보자. 난 그렇다고 믿으니까." 난 혼잣말을 했다. 그리고 내 생각은 옳았다. 나는 원하는 블라우스를 찾았고, 거기다 하얀색으로 된 예쁜 정장까지 찾았다. 내 판단과 경험에 따르면, 인근지역에서 예쁜 옷이 가장 없을 것 같은 모퉁이에서 그것도 아주 특별한 가격으로 찾아낸 성과였다.

이 이야기에는 독자 여러분이 주목해주길 바라는 사소한 법칙이 있다. 신은 느낌이나 '끌어당김'을 통해 우리를 인도하며, 신의 계시는 의식이 있고 우리를 지배하는 정신구조에 의해 제한받는다.

왜 처음에 우주와 신은 그 블라우스가 봄부터 나를 기다리던 가게에 가보라고 알려주지 않았을까? 나도 그 옷을 봄부터 원했는데 말이다. 신은 내게 그 가게에 대해 언질을 주었지만, 내게 "블라우스"라고 말했을 때, 나는 "스프링필드"라고 말했다. 그리고 "거기에 맞는 옷이 없으면, 다른 곳에는 아예 없을 거야. 어쨌든 내게 맞는 옷을 찾지 못할 게 뻔해"라고도 말했다. 내가 믿음도 없이 시도했기 때문에 신은 한동안 입을 다물고 있었다.

그러나 바로 그 첫 번째 기회에, 내가 그런 것들에 대해 생각조차 할 수 없을 정도로 바쁘지 않았던 그날 오후에 우주와 신은 내게 다시 한 번, "블라우스"라고 속삭였다. 그런데 나는 신이 준 느낌이 거기까지라고 선을 그었다. 그래서 신에게 어디서 블라우스를 찾을 수 있는지 묻는 대신, 이렇게 말했다. "아, 그래. 블라우스. A, B, C 상점에 가볼 거야. 내게 맞는 옷을 거기서 여러 번 샀잖아."

나의 기질, 즉 선입견이 또 한 번 그 문제를 정해버렸다. 신이 그 이름을 내게 속삭여줄 기회를 갖게 된 것은 내가 A, B, C 상점에서 모두 허탕을 치고 다른 가게 문 옆을 지나간 뒤였다. 신은 그 문제에 관한 나의 모든 편견을 확인시킨 뒤에야 그 가게에 대해 생각할 수 있게 해주었다.

내 마음은 블라우스에 대한 생각에 열려 있었지만, 그 특정한 가게에 대한 생각에는 굳게 닫혀 있었다. 적어도 그 가게로 가는 직접적인 루트는 막혀 있었다. 하지만 이제 직접적으로 이어지는 길이 열린 것이다.

신은 항상 나와 함께 쇼핑을 다닌다. 그리고 거의 언제나 직접적인 정신의 통로가 열려 있기 때문에 나는 쇼핑을 하며 아주 즐거워하고, 쇼핑에 많은 시간을 허비하지 않으며, 거의 항상 내가 원하는 것을 산다. 신문에서 세일 광고를 보지 않았는데도 나는 아주 여러 번 어떤 가게에 특정한 물건을 사러 들어갔다가 바로 그 물건이 크게 할인된 가격에 판매되는 것을 발견하곤 했다.

이러한 에피소드가 신에 대해 관심을 갖기에는 너무 사소하다고 생각하는가? 나는 그렇게 생각하지 않는다. 신은 늘 현명하고, 늘 유능하고, 항상 어디에나 존재한다. 그리고 신의 주된 목적과 즐거움은 사람들에게 정확히 길을 알려주는 것이다.

신은 우주에 사는 일종의 매장 지배인으로, 인생의 모든 부서에서 수요와 공급 사이의 혼란을 바로 잡아준다. 그리고 나는 아무리 사소한 문제라도 신과 의논하지 않는 사람은 경솔하거나 바보 같다고 생각한다.

물론 나는 이런 생각을 하면서도 나 스스로 신을 무시하고 있음을 눈치 챈다. 내가 당연히 블라우스를 사려면 어디로 가는 게 나을지 알고 있다고 생각하는 것이다.

인생의 창고가 항상 커지고 변하기 때문에, 신에게 물어

보면 시간과 돈을 절약할 수 있고 필요 없는 방황을 하지 않을 수 있다는 사실을 기억하기가 어려운 것 같다.

우리를 이끄는 우주와 신의 생각이 완전히 틀리고, 우리의 기도나 바람, 소망이 아무런 응답도 듣지 못하는 듯 보일 때, 우리의 모든 사소한 경험들을 푸는 열쇠가 바로 여기에 있다. 신은 결코 우리를 실망시키지 않는다. 신을 따라다니다 진저리를 내는 쪽은 바로 우리다. 신이야말로 우리 자신의 정신 경로를 지나 바라는 목표까지 우리를 안내해주는 존재다.

알다시피, 이는 우리의 정신 영역에 새로운 길을 내는 문제다. 새로운 길이 나면, 신이 그런 우회로로 우리를 데리고 다닐 필요는 없어질 것이다. 이는 우리가 우회로를 돌아다닐 필요가 없도록 자신의 불안정한 편견을 없애는 문제다.

그리고 여기서도 우주와 신은 우리를 다시 돕는다. 신은 신비한 방법으로 기적을 일으킨다. 우리가 똑바로 된 길을 안

내받을 때까지 신은 우리에게 신비롭게 보인다. 그런데 그것이 너무나도 단순하고 편안하기 때문에 사람들은 신이 그렇게까지 친절하게 대해준다는 사실을 믿지 못한다.

하지만 신은 그러하다. 우리가 믿기만 한다면, 우주와 신의 관심을 얻기에 너무 사소하거나 거창한 일은 없다. 우리가 신의 은총을 받을 수 있다고 믿지 않으면, 신은 신중하게 입을 계속 다물고 있다.

66 인생은 한 권의 책과 같다. 어리석은 이는 그것을 마구 넘겨 버리지만, 현명한 인간은 열심히 읽는다. 단 한 번밖에 인생을 읽지 못한다는 것을 알고 있기 때문이다. 99

상 파울

# 13

우리가 진정으로 원하고 옳다고 생각하는 일은
반드시 좋은 결과를 낳는다

만일 여기까지만 읽고 이 책을 읽는 것을 그만둔다면 당신은 결코 성공할 수 없다. 거기서 멈춘다면 그저 가녀린 성공을 향해 '한 여름밤의 꿈'을 가진 존재 이상이 되지 못한다. 그 지점에서 멈추고 마는 사람들이 너무나 많다. 그들은 마음속 그림과 목표를 실현하기 위해 현재의 행동이 중요하다는 사실을 깨닫지 못하는 것이다.

우리가 원하는 존재가 되기 위해서는 두 가지 단계가 반드시 필요하다. 첫째는 사고 형상을 만드는 것이고, 둘째는 그 사고 형상으로 그려진 모든 것들을 실체화하는 것이다.

앞에서는 첫 번째 단계에 대해 설명했고 지금부터는 두 번째 단계에 대해 설명할 생각이다. 마음속에 원하는 목표와 그림을 그렸다면 우리는 이미 내면에서는 자신이 원하는 존재가 된다. 그다음으로는 우리들 바깥에서, 즉 현실에서 원하는 존재가 되어야 한다. 우리는 내면에서는 이미 훌륭한 사람이지만 아직 실제 현실에서는 훌륭한 행동을 하지 않았다. 내면으로 생각만 한다고 해서 갑자기 훌륭한 배우나 변호사, 음악가가 될 수는 없다. 일상적이고 사소한 일조차 훌륭한 방식으로 행하자.

먼저 우리의 집과 일하는 직장에서, 길거리에서, 그밖에 우리가 가는 모든 곳에서 성공한 사람이 되려고 노력하자. 어떤 일을 할 때든 훌륭한 방식으로 행하려고 애쓰자. 아무리 평범하고 흔한 행동을 할 때도 영혼의 모든 힘을 쏟아 최선을 다해야 한다. 가족과 친구, 주변 사람들에게 우리 자신의 진정한 힘과 모습을 보여주어야 한다. 하지만 스스로를 뽐내거나 허풍을 떨지는 말자. 스스로 성공한 사람이라며 자랑하고 다니지 말자. 말로 하지 말고 행동으로 보여줘야 한다. 자신이 훌륭하고 대단한 사람이라고 말하면 아무도 믿지 않을 것이다. 하지만 행동으로 직접 보여주면 우리가 성공했음을 믿지 않을 수가 없을 것이다.

그리고 중요한 것이 또 하나 있다. 우리 스스로가 진실과 옳은 길을 가고 있다고 굳게 믿자. 조급하게 서두르지 말고 어떤 행동에서든 신중을 기하자. 옳은 방식이라는 확신이 들 때까지 기다렸다가 움직이자. **옳다는 확신이 들면, 주변의 모든 사람들이 반대하더라도 소신대로 행동하자. 반드시 좋은 결과를 얻으리라는 완전한 믿음을 가지자. 우리의 내면에서 나오는 확신은 곧 우주와 신의 뜻이자 목소리다. 일상적이고 작은 일 앞에서 우주와 신의 목소리를 믿지 않으면, 더 큰 일을 만났을 때 어떻게 우주와 신의 지혜를 얻을 수 있겠는가?** 무언가가 옳은 진실이라는 확신이 들면, 겉모습이나 외면적 상황에 상관없이 그 확신에 따라 행동하자. 진실을 보는 눈과 마음을 길러야 한다. 우주와 신의 의도를 이해할 줄 알아야 한다. 우주와 신이 보기에는 이 세상에 훌륭한 것도, 하찮은 것도 없다. 우주와 신은 태양의 운행을 감독하지만 동시에 참새 같은 작은 동물이나 우리의 머리카락 숫자까지도 돌본다.

우주와 신은 큰일뿐만 아니라 일상의 작고 소소한 일들에도 관심을 기울인다. 우리도 마찬가지다. 역사나 국가사회에 관련된 일뿐만 아니라 가족과 이웃의 진실도 볼 줄 알아야 한다. 일상의 평범한 일들에서 진실을 발견할 수 있어야 한다. 일반적인 통념이나 세상의 논리와 맞지 않는 것처럼 보이지만 어느 특정한 행동 방향으로 마음이 강하게 끌리는가? 그렇다면 그 방향을 주저 없이 따르자. 주변 사람의 조언에 조금씩 귀를 기울이는 일은 필요하다. 하지만 결국엔 우리 마음속 깊은 곳에서 옳다고 판단되는 일을 행하자. 우주와 신의 목소리를 경청하는 것을 잊지 말자. 그래야만 조급함과 불안함을 느끼지 않게 된다.

어떤 상황에서든 우리에게 진실을 인식하는 힘이 있음을

의심치 말자. 만일 누군가가 어떤 날짜에 어떤 장소에 나타
날 것이라는 느낌과 확신이 강하게 든다면, 그를 꼭 만나게
될 거라는 확신을 가지고 그곳으로 가보자. 가보면 틀림없이
그 사람을 만나게 될 것이다. 현재, 미래, 과거의 어떤 상황,
또는 가까운 곳이나 먼 곳에서 일어나는 어떤 일에 대한 진
실이 마음속에서 보이면 그것을 믿자. 처음에는 내면의 힘을
제대로 이해하지 못해서 가끔 실수를 할 수도 있다. 하지만
조금 시간이 지나면 거의 항상 옳은 방향으로 향하게 된다.
머지않아 가족과 친구들도 우리의 판단력에 의지하면서 조
언을 구하는 일이 늘어날 것이다. 그런 일이 반복되면 우리
는 일상적이고 작은 일에서 훌륭함을 보이는 사람이라고 인
정받게 된다. 그리고 차츰 더 크고 중요한 일을 맡아 수행하
게 된다.

어떤 상황에서든, 어떤 일이나 문제 앞에서든, 우리 내면
에 있는 불빛의 방향을 따르자. 진실을 인식하는 힘의 인도
를 받자. 영혼의 목소리에 따라 행동하고, 자신에 대해 굳은

신념을 잃지 말자. 그리고 회의나 불신을 품고 스스로를 바라보지 말고, 실수와 잘못을 저지를지 모른다는 걱정도 지워 버리자.

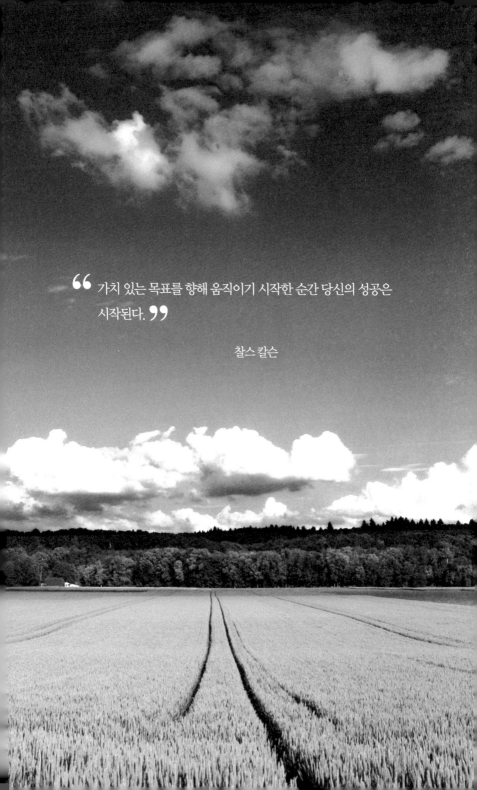

"가치 있는 목표를 향해 움직이기 시작한 순간 당신의 성공은 시작된다. "

찰스 칼슨

삶을 결정하는 것은 습관적인 생각이다. 그것은 주변 사람들과의 친밀한 관계보다 더 커다란 영향을 미친다. 속내를 털어놓는 절친한 친구라도 우리가 마음에 품는 생각만큼 인생에 큰 영향을 끼치지는 못한다.

J. W. 틸

# 14

## 두려움의 극복
### 우리의 잠재의식 안에
### 부정적 생각이 깃들 틈을 봉쇄하라

우리 마음속 잠재의식을 잘 들여다보자. 무언가에 대한 걱정과 불안과 두려움이 존재하는가? 마음속에 그런 것들이 있으면 훌륭함을 성취할 수 없다. 근심에 휩싸였거나 무언가를 두려워하는 이는 진실을 볼 수 없기 때문이다. 그런 마음을 갖고 있으면 눈에 보이는 모든 것이 왜곡되고, 올바른 질서와 관계를 인식할 수 없다. 또 우주와 신의 의도를 이해할 수가 없다.

경제적 문제로 고민하지 말자. 거듭 강조하지만, 흔들리지 않는 의지와 신념만 가지면 가난을 극복하고 부와 풍요로움의 주인이 될 수 있다. 정신적 발전과 영적 성장을 가능케 하는 초월적 힘이 당신이 원하는 물질적 풍요로움 역시 가져다줄 것이다.

몸이 병약해서 걱정하고 있다면, 반드시 강인한 체력과 건강을 가질 수 있다는 사실을 믿어 의심치 말자. 우주와 신은 당신에게 풍요로움과 정신적, 영적 에너지, 완벽한 건강을 주고 싶어 한다. 나약함을 극복하고 마음속에서 두려움을 몰아내자. 경제적 근심이나 건강에 대한 걱정을 떨쳐내는 것만으로는 충분하지 않다. 도덕적 방해물도 극복해야 하기 때문이다. 내면의 의식을 깊이 들여다보자. 그리고 자신을 움직이는 동기를 살펴보고, 그것이 늘 올바른 동기가 되도록 힘쓰자. 그릇된 갈망과 욕망은 버려야 한다. 우리 스스로 욕망을 지배하는 주체가 되어야 한다. 쾌락과 포만을 위해서 끝없이 음식을 먹지 말고 건강과 기쁨을 위해서 적절히 맛있게 먹자. 모든 일을 행할 때 육체가 영혼의 뜻에 따르도록 만들자.

탐욕을 멀리 하자. 부자가 되고 훌륭한 사람이 되려는 목표를 이루는 과정에서 어떤 부도덕한 동기도 가져서는 안 된다. 진정한 삶과 영혼을 위해 부자가 되려는 욕구를 갖는 것은 타당하지만, 단순히 육체의 쾌락을 채우기 위해 부를 갈망하는 것은 잘못이다. 허영과 자만심도 버리자. 타인의 머리 위에 올라서서 그들을 지배하려고 하지 말자. 타인 위에 군림하려는 이기적 욕망만큼 추한 것은 없다.

속된 사람들은 무리 가운데 가장 높은 자리에 앉아 존경과 인사를 받고 싶은 유혹에 굴복한다. 남들에게 권위와 지배력을 행사하려는 것은 모든 세속적 인간의 은밀한 욕심이다. 타인을 지배하는 권력을 얻으려는 투쟁은 저급한 경쟁의 세계에 속한 것이다. 우리는 그 세계에 발을 들여서는 안 된다. 오로지 생명과 발전만을 생각하자. 시기심도 버리자. 우리는 우리가 원하는 것을 무엇이든 이룰 수 있으므로, 남을 시기하거나 부러워할 필요가 없다. 당연히 타인에 대한 적개심이나 원한 따위도 품지 말자.

모든 편협한 야망이나 감정은 잊어버리고 무가치한 이기심에 휩싸이지 말자. 앞에서 말한 모든 잘못된 감정과 욕망을 하나씩 마음에서 지우자. 우리가 가진 고귀한 목표의 방향과 조화를 이루지 못하는 습관과 행동은 전부 버리자. 우리의 모든 영혼을 걸고 그렇게 하겠다고 다짐하자.

우리의 잠재의식 안에 부정적 생각이 깃들 틈을 봉쇄하자.

> 수용소에 있을 때나 먹을 것을 구하기 위해 길거리를 방황하고 있을 때도, 나는 내가 세계에서 제일가는 배우라고 믿고 있었다. 어린아이가 한 생각으로는 어이없게 들리겠지만, 그래도 그렇게 강한 믿음을 갖고 있었던 것이 나를 구했다. 그런 확신이 없었다면 나는 고달픈 인생의 무게에 짓눌려 일찌감치 삶을 포기해 버렸을 것이다.

찰리 채플린

66 당신은 정말 특별하다는 것을 늘 명심하라.
다른 모든 사람들이 그렇듯이. 99

마가렛 미드

# 15

원인과 결과의 법칙

사람은 자기가 처한 상황을 개선하고 싶어 안달이지만

자기 자신을 개선할 생각은 안 한다

사람의 마음은 정원과 비슷하다. 우리는 정원을 아름답게 가꿀 수도, 아무렇게나 방치할 수도 있다.

정원사가 잡초를 뽑고 자신에게 필요한 꽃과 열매를 키우며 자기 땅을 관리하듯이, 사람도 무익하고 불순하고 잘못된 생각은 없애고 바르고 순수하고 유용한 생각이 꽃피고 열매 맺도록 마음의 정원을 돌볼 수 있다. 이런 노력을 계속하다 보면, 자신이 영혼의 뛰어난 정원사이며, 인생의 총책임자임을 알게 된다. 또한 자기 내면에 있는 생각의 법칙을 밝혀내고, 생각의 힘과 마음의 요소가 성격과 상황, 운명의 형성에 어떤 영향을 미치는지 더 명확히 이해하게 된다.

결국, 생각과 성격은 하나다. 성격은 환경과 상황을 통해서만 명확히 나타나기 때문에, 외부환경은 늘 그 사람의 내면상태와 조화롭게 연관되어 있다. 그렇다고 해서 어떤 특정 시점의 상황이 한 사람의 전체적인 성격을 나타내지는 않는다. 그보다는 그 상황이 마음속의 중요한 몇 가지 사고 요소와 너무나도 밀접하게 연관되어 있기 때문에 한동안 그 사람의 발달에 없어서는 안 된다는 얘기다.

모든 사람은 존재의 법칙에 따라 지금의 자리에 머물러 있다. 사람의 성격을 형성해온 여러 생각이 지금의 자리에 이르게 한 것이다. 그래서 인생에는 우연의 요소가 끼어들 수 없다. 모든 것이 실수를 모르는 정확한 법칙의 결과다. 이는 자기 환경에 만족하는 사람이나 그렇지 않은 사람 모두에게 마찬가지다.

자신이 외부환경에 의해 만들어진다고 생각하는 한, 사람은 환경에 시달리고 만다. 하지만 자신에게 창조할 수 있는 능력이 있고 환경이 자라나는, 마음속의 숨겨진 텃밭과 씨앗을 마음대로 가꿀 수 있음을 깨달으면, 자기 자신의 진정한 주인이 될 수 있다.

마음은 가슴속에 비밀스럽게 간직하고, 사랑하고, 또한 두려워하는 무언가를 끌어당긴다. 마음은 가슴속 깊이 간직한 고결한 열망에 이르거나 억제되지 않은 욕구의 바닥까지 떨어지기도 한다. 그리고 이때 마음은 환경을 통해 자신의 것을 받아들인다.

환경이라는 외부세계는 생각이라는 내면세계에 맞춰 형성된다. 그리고 좋든 나쁘든 외부환경은 개인의 궁극적 이익에 기여하는 요인이 된다. 자기가 뿌린 씨를 그대로 거두기 때문에 인간은 고통이든 기쁨이든 모두 그 결과를 통해 배운다.

자신을 지배하는 마음속 깊은 곳의 욕구와 열망, 생각을 따르다보면, 결국 그러한 생각이 삶의 외부환경에서 열매를 맺고 완성되는 지점에 도달하게 된다. 성장과 조정의 법칙은 어느 곳에서나 작용한다.

　환경이 사람을 만들지 못한다. 그것은 그 사람의 모습을 밖으로 드러낼 뿐이다. 마음이 선한 사람이 환경 때문에 악의 구렁텅이에 빠져 고통을 겪는 일은 없다. 또한 사악한 사람이 갑자기 환경 덕분에 선해지고 순수한 행복을 느끼는 일도 있을 수 없다. 따라서 자기 생각을 지배하는 주인인 사람은 스스로 환경을 형성하고 계획하는 입안자다. 영혼은 태어날 때도 자기 본래의 모습을 보여주며, 현세에서의 긴 여행의 모든 단계에서 정신의 순수함과 불순함, 강함과 약함을 반영하는 여러 상황들을 끌어당긴다.

　사람들은 자신이 진정으로 원하는 것이 아니라도 그때그때의 단계에서 어떤 모습을 가진다. 사람들이 부리는 변덕이나 말도 안 되는 공상, 야심은 모든 단계에서 좌절되지만, 마음속 깊은 곳에 품은 생각과 욕구는 불결하든 깨끗하든 자기 자신의 양식을 공급받는다. '우리의 목적을 형성하는 신성한 기운'은 우리 내부 안에 존재한다. 그것은 우리 자신이다. **사람을 속박하는 것은 자기 자신뿐이다. 비열한 생각은 자신을 속박하지만, 고상한 생각은 자유의 천사가 되어 자기 자신을 해방시킨다. 사람은 자신이 바라고 기도하는 것을 손에 얻는 것이 아니라 자신이 정당하게 받을 것을 얻는다. 희망과 기도는 생각이나 행동과 조화를 이룰 경우에만 이루어진다.**

이러한 진실에 비춰볼 때, '환경에 맞서 싸운다'는 말은 꾸준히 자기 마음속에 그 원인을 키우고 지키면서 표면적인 '결과'를 상대로 싸운다는 것을 의미한다. 그 원인은 의식적인 악덕이나 무의식적인 나약함의 형태를 보일 수도 있다. 하지만 그 형태가 어떠하든, 그것은 그 주인의 노력을 집요하게 방해한다. 따라서 개선이 절실히 필요하다.

사람들은 자기가 처한 상황을 개선하고 싶어 안달하지만, 자기 자신을 개선할 생각은 하지 않는다. 이는 신성한 일뿐 아니라 세속적인 일에도 해당되는 얘기다. 돈 버는 게 유일한 목적인 사람이라도 자신의 목적을 달성하려면 개인적으로 큰 희생을 감수할 준비가 되어 있어야 한다. 그러니 제대로 균형 잡힌, 훌륭한 삶을 성공적으로 실현하려는 사람은 얼마나 더 많이 더 철저히 준비해야 되겠는가?

66 모든 위험이 사라질 때까지 항해하지 못하는 사람은 결코 바다로 나갈 수 없다. 99

토머스 풀러

66 생각이 바뀌면 태도가 바뀌고, 태도가 바뀌면 행동이 바뀌고, 행동이 바뀌면 습관이 바뀌고, 습관이 바뀌면 인격이 바뀌고, 인격이 바뀌면 운명이 바뀐다. 99

월리엄 제임스

# 16

목표와 이상 그리기

자신에게 맞는 것을 자신보다 더 잘 아는 사람은 없다
남이 원하는 꿈이 아니라 스스로가 원하는 꿈을 꾸자

우리 인간은 생각하는 근본 물질의 일부다. 근본 물질이
무언가를 생각하면 그것은 창조적인 힘을 발동시킨다. 근본
물질이 무언가를 생각하여 '사고 형상思考 形象'이 만들어지
면, 그것은 반드시 우리 눈에 보이는 물질적인 형태와 실체
로 존재하게 된다. 설령 우리 눈에 아직 보이지 않는다 할지
라도, 생각하는 물질에 담긴 사고 형상은 실제적인 것이다.
우리, 이와 같은 사실을 마음속 잠재의식에 깊게 새기자.

원하는 대상이나 목표를 머릿속에 선명하게 그림으로 그
리자. 그런 다음 그 그림에 항상 집중하여, 그것이 확실하고

뚜렷한 사고 형상이 되게 만들자. 신과 멀어지는 행동을 하지 않고 신과 조화로운 관계를 유지할 수 있는 태도와 행동을 지니기만 한다면, 우리가 원하는 것이 물리적 실체가 되어 다가올 것이다. 우주가 창조된 법칙에 따라 그 모든 과정이 진행된다.

질병이나 허약함과 관련된 사고 형상은 절대로 마음속 잠재의식에 만들지 말자. 튼튼하고 원기왕성하며 건강한 에너지를 발산하는 멋진 몸매의 자신을 생각하자. 그리고 그 사고 형상을 창조적 힘을 지닌 근본 물질에 각인하라. 당신이 육체를 생겨나게 만든 우주의 법칙을 어기는 방향으로 행동하지 않는 한, 그 사고 형상은 실제적인 모습으로 이루어진다.

우리들이 변화하고 싶은 모습, 되고 싶은 모습은 무엇일까? 그 모습대로 사고 형상을 만들자. 우리 스스로 상상할 수 있는 가장 높은 수준에 이른 모습, 가장 완벽한 상태를 목

자신에게 맞는 것을 자신보다 더 잘 아는 사람은 없다
남이 원하는 꿈이 아니라 스스로가 원하는 꿈을 꾸자

표로 삼자. 예를 들어 젊은 법학도가 훌륭한 성취를 이루고
싶은 마음을 갖고 있다고 치자. 그렇다면 훌륭한 변호사로
성공한 모습을 상상하는 것이다.(또 그와 동시에 앞에서 설명
한 시각으로 자기 자신을 바라보아야 한다.) 설득력 있는 말솜씨
와 탁월한 논리력으로 판사와 배심원 앞에서 변론을 펼치며
어떤 사건에서든 승소하는 변호사가 된 모습, 폭넓은 지식과
지혜를 갖고 어떤 상황에서도 당황하지 않고 뛰어난 실력을
발휘하는 법조인으로서의 모습 말이다. 지금 당장은 학생 신
분이라 할지라도, 그의 마음속 사고 형상에서는 그 누구보다
멋진 법조인이어야 한다. 사고 형상이 점차 강해질수록 주변
의 모든 창조적 에너지가 그를 위해 흐르고 움직이기 시작한
다. 그 목표를 이루는 데 필요한 모든 것들이 그를 향해 다가
오며 신도 우리를 위해 움직인다. 어떤 힘도 우리가 원하는
모습을 이뤄나가는 과정을 방해하지 못한다.

음악을 공부하는 사람도 마찬가지다. 아름다운 선율과
곡을 들려주면서 수많은 청중에게 감동을 전달하는 모습을

상상해야 한다. 배우도 최고의 연기를 선보이며 인정받는 모습을 마음속에 그려야 한다. 농부도, 기술자도, 그 어떤 직업을 가진 사람도 마찬가지다. 자신이 꿈꾸고 바라는 이상적인 모습을 그리고 거기에 집중해야 한다. 주변 사람들이 우리의 진로나 목표에 대해 해주는 이런저런 말들에 너무 크게 신경 쓰지 말자. 우리 자신에게 가장 잘 맞고 만족스러운 것을 우리보다 더 잘 아는 사람은 없다. 타인의 조언에 귀는 기울이되, 최종적인 결정은 언제나 우리 스스로 내려야 한다. 우리의 삶을 남들이 결정해줄 수는 없다. 스스로가 원하는 모습, 스스로 바라는 존재가 되자.

주변에서 요구하는 의무나 책임들 때문에 방향이 흔들리는 일이 발생해서는 안 된다. 그런 책무들 때문에 잠재력을 최대한 실현하는 일이 방해받으면 안 된다. 스스로에게 충실한 삶을 살자. 어떤 사람이 되고 싶은지 목표를 정했다면, 상상할 수 있는 가장 최고의 모습으로 그림을 그린 다음, 그 사고 형상을 '현실'이라고, 우리 자신에 관한 진실이라고 굳게 믿어야 한다.

그 목표 실현이 불가능할 거라는 부정적인 목소리들에게서 잠재의식의 귀를 닫아버리자. 남들이 당신을 허황된 꿈을 꾸는 몽상가나 바보라고 비난해도 신경 쓰지 말자. 늘 스스로가 원하는 꿈을 꾸자. 나폴레옹은 열악하고 불리한 상황 속에서도 언제나 최고의 지휘관이자 프랑스의 주인이 된 자신의 모습을 마음속 잠재의식에 담아놓았다. 그리고 결국엔 실제로 그 꿈을 이뤄냈다. 나폴레옹만 특별한 사람이라서 꿈을 이룬 것이 아니다. 우리도 얼마든지 할 수 있다. 마음속 잠재의식을 긍정적 생각으로 가득채우자. 그러면 '끌어당김'의 힘이 느껴진다. '끌어당김'의 원칙을 잊지 말고 실천하자. 그러면 꿈을 실현할 수 있다.

**66** 우리가 무슨 생각을 하느냐가 우리가 어떤 사람이 되는지를 결정한다. **99**

오프라 윈프리

# 17

창조적인 마음

스스로가 좋든 싫든 스스로를 용서한 다음

원하는 것을 향해 새롭게 출발하자

우리는 스스로가 원하지 않는 생각을 버리고, 스스로가 좋든 싫든 스스로를 용서한 다음, 이제 새로이 출발해야 한다. 원하지 않는 것을 다시는 생각하지 말자. 그것을 완전히 내버려라. 우리는 다양한 경험을 통해 우리의 모든 생각과 희망을 빚어내는 법을 더 많이 배울 것이다. 그리하여 우리의 생각과 희망은 완벽한 것을 표현하는 위대한 마음Great Mind과 조화로운 일치를 이룰 것이다.

우리는 거대한 우주의 계획이 잘 이행되고 있음을 깨달을 것이다. 그리고 인생의 실질적 단계에 도달하기 위해서는 우리가 그 계획에 도움을 주는 일만 해야 한다는 사실 또한 깨달을 것이다. 각자 개인에게 '끌어당김'의 법칙을 이용할 권리가 있고 그것을 이용하지 않을 수 없다는 사실을 결코 잊어서는 안 된다.

그런 다음, 더 위대한 힘이 우리를 통해 작동하고 있으며, 모든 법칙은 선으로 향하며, 우리는 절대적 존재의 마음에 생각의 씨앗을 심었으며, 신과 함께 활동하는 신성한 특권을 누릴 수 있다고 믿어야 한다.

불행한 사람들은 끌어당김의 법칙을 긍정적으로 이용하는 데 서툴다. 그리고 피하는 게 나았을 경험을 계속 자기 자신에게 끌어당긴다. 그들의 문제는 더 큰 힘이 작동할 때마다 그들의 유용한 생각을 무력화하거나 파괴하는 생각의 탁류가 흐른다는 점이다. 그들은 마음속에서 모든 사람들이 신성한 이미지로 만들어진 완벽한 인간이라고 이해해야 한다. 그들은 언젠가 다른 사람들도 모두 자기처럼 남을 생각한다

스스로가 좋든 싫든 스스로를 용서한 다음
원하는 것을 향해 새롭게 출발하자

고 말할 수 있는 때가 올 것이다. 이를 삶의 법칙으로 간직한 다면, 그들은 모든 부정적인 생각을 없애버리게 될 것이다. 우리 모두는 선이 아닌 것은 무엇이든 오래가지 못하지만 선을 구현하는 것은 언제나 존재하는 신과 같음을 알고 있다. 우리는 처음에 우리를 구속했던 바로 그 동일한 법칙을 통해 자유의 몸이 된다.

실패한 사람은 자신도 모르게 성공을 실현하는 데 좋은 결과를 얻어낼 가능성을 없애버린다. 그는 자신에게 장점이 있다고 주장하면서 그에 어울리게 행동한다. 이러한 행동은 당연하다. 그런데 그는 다른 사람의 좋은 것에도 계속 눈길을 돌린다. 이는 잘못된 행동이고 혼란을 일으킨다. 하나의 원칙을 주장하면서 동시에 그 원칙을 거부할 수는 없다. 우리는 자신이 원하는 사람이 되어야 한다. 그런데 자신이 원하지도 않는 것을 계속 고집하면서 자신이 원하는 사람이 될 수는 없다. 다른 모든 사람들에게 어떤 일이 가능하다고 믿지 않으면서 자신에게는 그 일이 가능하다고 믿을 수는 없는 일이다.

창조적인 마음 143

목적을 이루는 한 가지 방법으로 주변 사람들을 두루 사랑하는 범애汎愛의 방법이 있다. 즉, 모든 사람이 무한대의 마음을 지닌 신의 진정한 자녀라고 보는 것이다. 이는 단순한 감정이 아니라 근본적인 법칙을 명확히 밝힌 말이다. 그리고 그 법칙을 따르지 않는 사람은 자신을 만들어준 바로 그것에 반대하는 것이다. 진실로, 오직 정신적 방법을 통해서만 실체를 얻을 수 있으며, 의지가 지속되는 한 그 실체를 유지할 수 있다. 이는 평범한 방법인데, 우리는 실체를 나타나게 만드는 것 이상을 원한다. 우리는 신이 이용하는 똑같은 법칙을 채택하기 때문에 실체가 우리를 향해 자연히 끌려오길 바란다. 따라서 이러한 정신적 태도를 갖게 되면, 눈앞에 나타나는 것은 결코 사라지지 않을 것이다. 왜냐면 그것은 신의 법칙만큼 영원할 것이며 영원히 무효화되지 않을 것이기 때문이다.

우리는 선善만 봐야 한다. 선이 아닌 그 어떤 것도 우리 마음에 들어오지 못하게 해야 한다. 모든 사람들과 사물에 대한 보편적인 사랑은 모든 사랑의 근원 즉, 사랑으로 모든 것을 창조하고 돌보는 신에게 돌아가는 사랑이다. 단지 이기적 동기 때문이라도, 우리는 모든 것을 사랑하고 모든 것이 신의 재료로 만들어진 선이라고 생각해야 한다.

우리는 사랑의 방법을 통해 우리가 끌어당긴 것을 얻어낼 수 있을 뿐이다. 우리는 우리 자신의 생각을 지켜봐야 한다. 만약 조금이라도 정신에 위배되는 것이 있다면, 가능한 빨리 그것을 없애야 한다. 이것만이 안전하고 확실한 방법이다. 예수는 최후의 희생을 치르는 순간에도 아버지에게 모든 잘못을 용서해달라고 간청하지 않았던가? '더 나은 방법으로 할 수 있다' 고 생각해보면 어떨까? 지금 우리가 모든 사람을 사랑하지 않는다면, 우리는 그렇게 하는 방법을 배워야 한다. 모든 비난이 영원히 사라지고 우리가 오직 선만을 쳐다본다면 그 방법은 쉬워질 것이다. 우주와 신은 선이며, 사랑이다. 우리는 그 이상을 요청하거나 생각할 수 없다.

우리가 없애야 할 또 한 가지는 '나는 안돼'라고 생각하는 자기 한계에 대해 이야기하는 것이다. 한계에 대해 생각하거나 읽어서도 안 되며, 조금이라도 그것과 연관지어 생각해서도 안 된다. 왜냐면 우리는 우리가 생각한 것만을 얻기 때문이다. 그 이상도 그 이하도 얻을 수는 없다. 물론 이렇게 행동하기는 어려울 것이다. 그러나 때로는 오래 걸리고 어려워 보여도 일단 한번 성공하고 나면, 그다음은 쉬워질 것이다. 선두에 선 모든 발걸음은 영원한 발걸음이며, 결코 다시 취할 필요가 없다. 우리는 하루나 1년 동안 훈련하는 것이 아니라 영원히 훈련하고 있다. 따라서 최고의 지혜와 한 치의 오차도 없는 정신의 지도를 받으며 더욱 당당한 저택을 지을 수 있다. 그러다 보면 우리 자신은 모든 사람들에게 선을 베풀 것이다. 달리 방법이 없기 때문이다. 현명한 사람은 귀 기울여 듣고 지켜보고 깨달은 뒤에, 신의 의지, 목적과 조화되는 하나의 방법에 따라 행동한다.

**66** 자신의 인생을 스스로 이끌지 않으면 다른 사람이 이끌게 된다. **99**

존 앳킨슨 그림쇼

**❝** 정신적인 힘이 그 어떤 물질적인 힘보다 강하다는 사실, 생각이
세계를 지배한다는 사실을 아는 자야말로 훌륭한 인간이다. **❞**

랠프 에머슨

# 18

조급함과 습관

세상이 아름답다는 것과 나 자신이 훌륭하다는 것을
생각하고 또 생각하자

우리는 여러 가지 고민을 갖고 있다. 건강상의 문제, 집
안의 걱정거리, 사회생활이나 인간관계서 비롯된 고민, 경제
적 문제 등……. 그리고 그것들 모두 당장 해결하지 않으면
안 될 시급하고 중요한 문제이다. 하지만 절대로 조급하게
서두르지 말자. 순간적인 충동에 따라 움직이지 말자. 우리
가 겪는 모든 어려움과 고민에 대해 우주와 신이 해답을 전
해줄 것이라 믿어야 한다.

우리 내면에는 불굴의 힘이 존재하며, 똑같이 강한 힘이
우리가 원하는 것들 안에도 존재한다. 우리가 원하는 것들을

그 힘이 우리에게 끌어다줄 것이다. 이 사실을 굳게 믿자. 강렬한 소망을 가지면 원하는 것들이 틀림없이 우리를 찾아오게 되어 있다. 생각과 신념만 올바르게 유지한다면 모든 상황이 우리를 돕는 쪽으로 움직인다. 우리의 태도와 마음가짐 이외에는 잘못될 것이 아무것도 없다.

조급한 태도는 무언가를 두려워한다는 의미다. 두려워하지 않는 사람에게는 항상 충분한 시간이 있다. "나는 진실을 인식할 줄 아는 힘을 가졌다." 이런 확신을 갖고 행동하면, 너무 이르다고 탄식하거나 너무 늦었다고 후회하는 일은 절대 일어나지 않는다.

우리가 잘못된 방향을 택하지 않으면 아무것도 나빠지지 않는다. 그리고 잘못된 방향으로 흐르게 되는 원인은 바로 잘못된 태도다. 조급해지고 온 마음속이 근심으로 출렁인다면, 차분하게 앉아서 생각하거나 명상을 해보라. 머리를 식힐 수 있는 놀이를 해보거나, 휴가를 내고 며칠 쉬자. 또는 여행을 떠나자. 돌아왔을 즈음엔 모든 것이 제자리를 찾아 있을 것이다. 조급함과 두려움을 가지는 순간 우리와 초월적 힘, 즉 우주와 신을 연결하는 고리는 끊어져버린다. 다시 평온함을 되찾기 전까지는 힘도 지혜도 지식도 얻을 수 없다. 조급한 태도는 당신 내면의 강력한 힘이 작동하는 것을 방해한다. 두려움은 강한 사람도 나약한 존재로 바꿔버린다.

평정심과 힘은 결코 떼려야 뗄 수 없는 관계다. 평온하고 안정된 정신이 곧 강인하고 훌륭한 정신이다. 흥분하고 조급한 사람은 곧 약한 사람이다. 조급해질수록 내가 앞에서 설명한 올바른 시각을 잃어버리게 된다. 즉 조급한 사람은 세상을 나쁘고 부정적인 곳으로 바라보게 된다. 세상과 그 안의 만물이 모두 아름답다고 믿자. 아무것도 잘못되지 않을 것이며 그렇게 될 수도 없다. 평정심을 잃지 말고 평온함과 긍정적인 마음을 유지하자.

이제 습관에 대해 이야기해보자. 몸에 밴 습관을 버리고 새로운 습관을 들이는 것만큼 어려운 일이 또 있을까? 우리는 누구나 자신도 모르게 습관의 노예가 되어 생활한다. 세상을 지배하는 눈에 보이지 않는 법칙도 모종의 습관이라고 볼 수 있다. 여러 가지 사회적 상황이나 문제들도 사람들이 그것들을 습관적으로 받아들이기 때문에 지속된다. 정부, 사회, 기업에 대한 사람들의 습관적인 시각과 사고방식을 변화시키면, 정부와 사회와 기업도 변화하게 된다. 한마디로 습관은 우리를 지배하는 힘이다.

자신에 대해서도 잘 생각해보자. '나는 평범한 사람이야.' '내 능력은 여기까지야.' '난 어차피 실패자야.' 이런 식으로 생각하는 습관이 굳어져 있지는 않은가? 자꾸 그렇게 생각하면, 실제로 그런 사람이 된다. 훌륭한 생각 습관을 갖도록 의식적으로 노력하자. '내가 가진 잠재력은 무한해.' '뭐든 할 수 있어.' 이렇게 생각하는 것을 습관으로 만들자. 이따금 무심코 떠오르는 생각이 아니라 습관이 된 생각, 그것이 운명을 바꾼다. 스스로 못난 사람이라는 생각을 습관적으로 하고 있다면, 아무리 특별한 기도나 다짐을 해도 훌륭한 사람이 될 수 없다.

　사고 습관을 변화시키기 위해서 꾸준한 기도와 다짐을 하자. 반복하는 생각이나 행동은 습관이 된다. 특정한 생각을 거듭 되풀이하여 그것이 습관으로 심신에 배게 하는 정신 훈련을 실천하자. 반복하는 생각은 곧 마음속에 신념으로 자리 잡는다. 스스로에 대한 새로운 시각과 생각을 자꾸 반복적으로 떠올리자. 그 외의 다른 방식으로는 생각할 수 없을 때까지. 지금의 모습은 어떤 환경이나 상황이 만들어낸 것이 아니라, 바로 우리들이 과거부터 해온 습관적인 생각이 만든 결과물이다. 우리는 누구나 자기 자신을 바라보는 특정한 시각을 갖고 있으며, 그 시각을 토대로 경험과 상황과 관계를 분류하고 판단한다. 어떤 사람은 자신이 훌륭하고 멋지다는 시각을 갖고, 또 어떤 사람은 자신이 평범하고 보잘것없다는 시각을 갖고 세상을 살아간다. 만일 우리가 후자에 속한다면, 당장 그 시각을 버리자.

새롭게 변화한 모습을 마음속에 그리자. 좋은 말이나 다짐을 반복해서 말하거나, 겉보기에만 그럴싸한 법칙 같은 것들을 따름으로써 훌륭함에 이를 수 있다고 착각하지 말자. 스스로의 힘과 능력과 재능에 대해 끊임없이 긍정적으로 생각하고, 경험이나 주변 상황을 판단할 때도 그 생각을 토대로 하자.

'NO'를 거꾸로 쓰면 전진을 의미하는 'ON'이 된다. 모든 문제에
는 반드시 문제를 푸는 열쇠가 있다. 끊임없이 생각하고 찾아내라.

노먼 빈센트 필

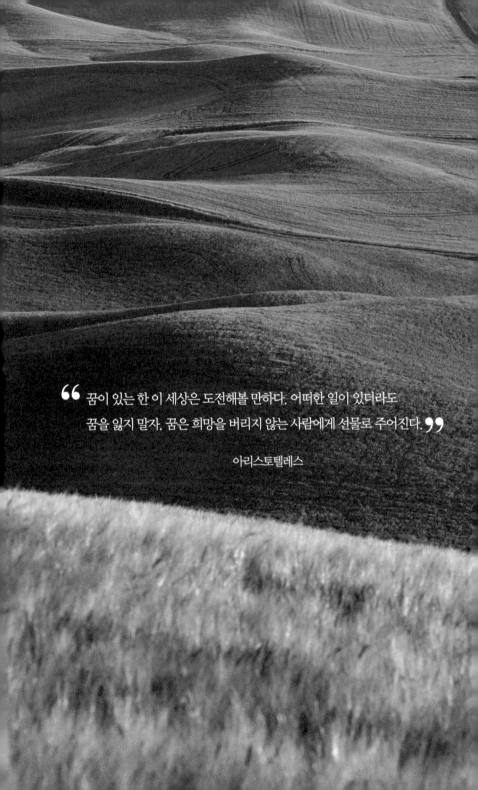

> ❝ 꿈이 있는 한 이 세상은 도전해볼 만하다. 어떠한 일이 있더라도
> 꿈을 잃지 말자. 꿈은 희망을 버리지 않는 사람에게 선물로 주어진다. ❞
>
> 아리스토텔레스

## 19

가정에서부터 실천하라
지금 이미 훌륭한 사람 성공한 사람이
되었다고 생각하고 행동하자

언젠가는 훌륭한 사람이 될 것이라고 생각하지 말고, 지금 이미 그러한 존재가 되었다고 생각하자. 미래의 어느 시점부터 훌륭한 방식으로 행동할 것이라고 생각하지 말고, 지금 있는 자리에서 행동하기 시작하자. 또 지금보다 환경이 나아지면 그렇게 하겠다고 미루지 말자. 중요하고 큰일이 닥쳐오면 그때 훌륭한 방식으로 행동하겠다는 생각은 버리자. 작고 일상적인 일들에서부터 실천하라. 주변에 지혜롭고 훌륭한 사람이 많아지면, 또는 이해하고 인정해주는 사람들이 많아지면, 그때 훌륭함을 성취할 수 있을 것이라 생각하지 말자. 지금 주변에 있는 사람들을 대할 때 진정으로 훌륭한 방식을 택하자.

현재 능력과 재능을 제대로 발휘할 수 있는 환경에 있지 못하다 하더라도, 적절한 때가 되면 그것을 꽃피울 수 있는 시기가 오게 된다. 하지만 그전까지는 현재의 자리에서 최선을 다해라. 링컨은 대통령이 되었을 때뿐만 아니라 작은 도시에서 변호사로 활동할 때도 이미 훌륭한 사람이었다. 링컨은 변호사였을 때 일상적이고 평범한 일들에서도 훌륭한 인격을 보였고, 그랬기 때문에 나중에 대통령까지 된 것이다. 만약 그가 대통령의 자리에 오르기 훨씬 이전부터 참된 인격을 가진 젊은이가 아니었다면, 그는 역사에 이름이 남는 인물이 되지 못했을 것이다.

우리는 우리가 사는 지역이나 당신의 위치, 주변 여건 때문에 훌륭해지는 것이 아니다. 또 정신적으로든 물질적으로든 남들로부터 무언가를 받아서 훌륭해질 수 있는 것도 아니다. 타인에게 의존하는 사람은 절대 큰일을 성취할 수 없다.

스스로의 힘으로 우뚝 서야만 훌륭한 인격을 완성할 수 있는 법이다. 책이든 환경이든 타인이든, 내가 아닌 외부의 어떤 존재에 의존하려는 생각은 잊자. 에머슨은 "셰익스피어를 읽고 공부한다고 해서 셰익스피어가 되는 것은 아니다"라고 말한 바 있다. 셰익스피어처럼 생각하는 사람이 미래의 셰익스피어가 될 수 있다.

가족을 비롯한 주변 사람들이 나를 대하는 방식에 너무 신경 쓰지 말라. 종종 그들은 무시하거나, 베푼 은혜에 고마워할 줄 모르거나, 또는 무례하고 몰인정한 태도를 보일지도 모른다. 하지만 그렇다고 해서 우리까지 비인격적이고 저급한 태도로 그들을 대해야 할 이유는 없다. 우주와 신을 생각해보라. 사람들이 감사할 줄 모르고 존경을 표현하지 않는다고 해서 우주와 신이 분노한다면, 우주와 신이 위대한 존재일 수 있겠는가?

은혜를 모르는 사람이나 악한에게도 인자한 태도로 대하

자. 우주와 신이 그렇게 하는 것처럼 말이다. 스스로 훌륭한 인격을 지닌 사람이라고 자랑하지 말자. 본질적으로 보면 주변 사람들도 우리와 마찬가지로 훌륭해질 수 있는 잠재력을 지녔다. 우리가 알고 실천하기 시작한 원칙들을 그들이 아직 배우지 못한 것뿐이다. 그들도 그들 나름의 단계에서는 아름다운 상태다. 당신에게는 훌륭하다고 칭송받을 특별한 권리가 없다.

타인의 약점을 비난하고 흠을 들춰내며 그것들을 우리 자신의 장점이나 성공과 비교하는 거만한 태도를 경계하자. 거만한 태도를 가지면 훌륭한 사람이 아니라 소인배가 된다. 나뿐 아니라 주변 사람들도 모두 완벽하고 아름다운 존재라고 여기고, 그들을 평등한 시각으로 바라보라. 누가 누구보다 더 우월하지도, 더 열등하지도 않다. 오만한 태도에 빠지지 말라. 훌륭한 사람은 절대 오만하지 않다. 남들에게 존경이나 인정을 받으려고 애쓰지 말자. 존경과 인정을 받을 자격이 되면 그것들은 자연스럽게 따라온다.

먼저 가정에서부터 시작하자. 훌륭한 사람은 항상 집안에서 평온함과 평정을 유지하고 자신감이 넘치며 가족들을 인자하고 사려 깊은 태도로 대한다. 그렇게 하면 가족 모두가 늘 신뢰하고 의지한다. 힘든 시기에도 강인함을 발휘하여 가족을 이끄는 존재가 된다. 우리는 사랑과 존경을 받는 사람이 될 것이다.

　하지만 주의해야 할 것이 있다. 가족들에게 무조건 봉사하고 그들의 뜻에 따라주어서는 안 된다. 훌륭한 사람은 자신을 존중할 줄 알며 타인에게 이로움을 주려고 노력하지만, 절대로 노예처럼 맹목적으로 남의 뜻을 따르지는 않는다. 가족에게 맹목적으로 헌신하거나 마땅히 그들 스스로 해야 할 일을 대신 해주는 것은 그들을 진정으로 돕는 길이 아니다. 가족들의 요구를 무조건 들어주는 것은 그들에게도 이롭지 않다. 이기적이고 부당한 요구를 거절하는 것이 모두에게 이롭다는 사실을 명심하라. 타인의 도움을 받기만을 원하는 사람들로 가득한 세상은 절대 바람직하지 않다. 모두가 스스로 자신을 돌볼 줄 아는 세상이 되어야 한다. 가족들의 필요한 요청에는 인자하고 사려 깊은 태도로 응하라. 하지만 그들의 변덕과 부당한 요구, 일시적 충동, 저급한 욕망에는 노예가 되지 말자.

가족 중 누군가가 잘못이나 실수를 저질렀을 때, 내가 개입해서 어떤 조취든 취해야 한다고 생각하지 말자. 가족이 잘못된 방향으로 나아간다고 해도 끼어들어 수정해주어야 한다고 생각하지 말자. 사람은 누구나 각자의 발전 단계에 맞는 적절하고 아름다운 상태라는 점을 기억하자. 우주와 신의 뜻이 담긴 일에 당신이 개입하는 것은 옳지 않다.

가족들의 개인적인 습관과 행동에 간섭하지 말자. 그들이 아무리 소중한 사람이라 해도, 우리가 신경 쓸 일이 아니다. 우리는 스스로의 태도에만 전념하고 신경 쓰도록 하자. 우리가 올바른 태도를 지니고 행동하면, 주변의 다른 모든 것들도 올바른 방향으로 진행될 것이다. 자신과 다른 방식으

로 살아가는 사람들을 인정하고 함께 어울려 살아가는 사람,
섣불리 비판하거나 간섭하지 않는 사람, 그런 사람이 훌륭한
인격의 소유자다.

　스스로 올바르다고 생각하는 일을 행하고, 가족들도 각
자 스스로에게 올바르고 적절한 행동을 한다고 믿자. 내가
옳다고 믿는 것을 따르라고 그들을 강제해서는 안 된다. 마
음 깊은 곳을 응시하며 끊임없이 생각하자. 따뜻하고 친절하
고 배려 깊은 태도로 행동하라. 그렇게 해야 가정 안에서 훌
륭한 사람이 될 수 있다.

66 진정한 성공은 성공할 수 없을 것이라는
두려움을 극복하는 것이다. 99

폴 스위니

# *20*

주변 사람들에게도 실천하라

스스로 발전하고 있다고 느끼는
기쁨만큼 커다란 만족은 없다


앞에서 말한 가정에서의 실천 내용을 다른 모든 곳에서도 적용해야 한다. 이 세상은 아름다운 곳이며, 주변 사람들도 모두 똑같이 위대해질 수 있는 훌륭한 존재임을 잊지 말자.

진실을 볼 줄 아는 내면의 힘을 믿고, 이성과 머리가 아니라 내면의 빛에 의지하자. 진실을 인식하는 힘은 내면의 빛에서 나온다. 언제나 평정과 확신 속에서 행동하고 우주와 신의 목소리에 귀를 기울이자. 우주와 신과 우리 자신을 동일시하는 태도를 지니면, 삶에서 어떤 상황에 부딪혀도 그때마다 필요한 지식과 등불을 얻을 수 있다. 평정한 마음으로 신념을 갖고 행동하면 언제나 옳은 판단을 내릴 수 있다.

조급한 마음을 갖지도, 근심하지도 말자. 암울한 전쟁 시기에 링컨이 보여준 인격과 리더십을 생각해보자. 제임스 프리먼 클라크James Freeman Clarke(미국의 신학자, 저술가)가 명료하게 기록했듯이, 프레더릭스버그 전투에서 북군이 참패한 전투 이후 사람들에게 신념과 희망을 불어넣고 다시 일어설 수 있게 이끈 유일한 인물은 링컨이었다. 낙담과 좌절에 휩싸인 많은 사령관과 리더들이 링컨을 만난 이후에 다시 용기를 되찾았다. 그들 자신은 알지 못했을지 몰라도, 사실 그들은 마르고 볼품없지만 인내심 강한 한 남자 안에 있는 초월적 힘과 '끌어당김', 즉 우주와 신과 마주하고 있었던 것이다.

어떤 힘든 상황을 만나도 극복할 수 있는 능력이 우리에게 있다. 그런 확신과 신념을 잃지 말자. 혼자뿐이라고 걱정하거나 불안해하지 말자. 적절한 때가 되면 필요한 사람이 찾아올 것이다. 아는 것이 부족하다고 걱정하지도 말자. 마땅히 때가 되면 필요한 지식들이 당신 손에 들어올 것이다. 우리를 발전하게 만드는 근원적 힘은, 우리가 필요로 하는 대상이나 사람들 안에도 똑같이 있다. 그래서 그것들을 우리에게로 끌어다준다. 누군가 꼭 만나야 할 사람이 있는가? 그 사람은 머지않아 우리를 찾아올 것이다. 읽고 싶은 어떤 책이 있는가? 그 책은 곧 우리 손에 들어올 것이다. 주변의 모든 경로를 통해 필요한 지식과 정보들이 다가올 것이다. 영혼과 마음을 깨우고 우리의 능력을 훌륭한 방식으로 이용하기 시작하는 순간, 두뇌에 힘이 넘치기 시작한다. 새로운 세포들이 생성되고 조용히 잠자고 있던 세포들도 활동을 시작하며, 뇌는 정신 능력을 발휘하기 위한 완벽한 통로이자 도구가 된다.

언제나 긍정적인 방식으로 행동하는 것을 삶의 원칙으로 삼아야 한다. 아무리 취지가 고귀하고 좋은 일이라도 그것을 소인배와 같은 방식으로 행하면 반드시 실패한다. 성급하게 큰일을 맡겠다고 달려들지 말자. 그런 일을 무조건 시도한다고 해서 훌륭한 사람이 되는 것이 아니다. 먼저 훌륭한 인격을 갖추고 나면 자연스럽게 훌륭하고 위대한 일을 만나게 된다. 지금 있는 자리에서, 그리고 매일 일상적인 행동을 할 때마다 이를 실천하려고 노력하자. 하루라도 빨리 세상 사람들에게 인정받고 싶다는 조급함은 버려야 한다. 이 책의 내용을 실천하기 시작한 지 한 달 안에 당신의 분야에서 주목받는 인물로 성공하지 못한다고 해서 좌절하지는 말자. 진정으로 훌륭한 사람은 세상의 인정과 갈채를 좇아 달려가지 않으며 금전적인 보상을 바라지도 않는다. **훌륭함은 그 자체로서 만족스러운 보상이 되기 때문이다. 그것은 이미 우주와 신과 함께 '끌어당김'의 신비를 갖고 있기 때문이다. 훌륭한 존재로 거듭났다는 기쁨, 스스로 발전하고 있다는 데에서 오는 기쁨만큼 커다란 만족은 없는 법이다.**

가족들을 대하는 방법에 대해 앞에서 설명한 내용을 떠올려보라. 가정에서 시작한 이후에는 이웃과 친구들, 사업적인 관계로 만나는 모든 사람도 그와 똑같은 태도로 대하자.

그러면 얼마 안 가 사람들이 믿고 의지하기 시작할 것이다. 우리의 조언을 구하고 우리의 탁월한 정신과 판단력에 의지하기 시작한다.

가정에서와 마찬가지로 다른 지인들을 대할 때도 그들의 일에 간섭하지 말자. 도움을 필요로 하는 이들에게 적절한 도움을 제공하는 것은 좋지만, 그들의 삶의 방향을 바로잡아주려고 주제넘게 관여해서는 안 된다. 우선 스스로를 올바르게 하고 훌륭한 방식으로 생활하는 데 마음을 쏟자. 남들의 품행과 습관과 행동방식을 고쳐주는 것은 우리가 해야 할 역할이 아니다. 친구가 담배를 피우거나 술을 마시고 싶어한다면 그건 친구가 알아서 판단할 일이다. 그런 문제와 관련하여 꼭 필요한 조언을 듣고 싶어 우리를 찾아오지 않는 한 말이다. 말로 훈계하지 않고 행동으로직접 훌륭한 삶을 실천하는 사람은, 입으로만 요란하게 설교하는 사람보다 훨씬 더 많은 이들에게 이로움을 줄 수 있다.

세상을 긍정적이고 올바른 시각으로 바라보자. 평소 생활에서 하는 말과 행동을 통해 그런 시각이 드러나면 주변 사람들도 그것에 영향을 받는다. 남들도 나와 같은 시각을 갖게 하려고 억지로 애쓰지는 말자. 이미 그런 충실한 삶을 살고 있다면 그것을 굳이 말로 설명할 필요가 없다. 우리가 고귀하고 신성한 힘의 뜻에 따라 살고 있다는 것을, 신과 조화로운 관계를 맺고 있다는 것을 누구나 자연스럽게 알게 되기 때문이다. 훌륭한 인격으로 성숙하고 싶은 사람은 이 책이 설명한 내용을 실천하면 된다. 가령 돈키호테처럼 세상의 온갖 일들에 무모하게 뛰어들어야 한다고, 대단한 사람임을 인정받기 위해 풍차를 향해 돌진하거나 일거에 모든 것을 뒤집어야 한다고 착각하지 말자. 화려하고 거창한 일을 찾아다니지 말자. 지금의 자리에서, 가정의 일상과 사회생활 속에서 훌륭한 방식으로 행동하자. 그러면 크고 원대한 일이 자연스럽게 다가온다.

나 아닌 타인의 가치를 인정하고 거지나 방랑자도 진실

한 마음으로 존중해주자. 우주와 신은 모든 존재 안에 기거한다. 그리고 모든 인간은 그 나름대로 아름답고 훌륭하다. 거지에게만 배려와 동정을 베풀지 말자. 부자도 마찬가지로 가치 있는 사람이므로 똑같이 배려하고 존중해야 한다. 어떤 사람이나 사물을 대할 때도 이와 같은 사실을 잊지 말자.

우리 마음속에 그렸던 그림, 원하는 존재가 된 모습의 그림을 기억하는가? 그것이 반드시 실현된다는 확신과 신념을 가지자. 당장 실천하고 앞으로도 계속 유지하자. 그러면 우리들 내면의 능력이 놀랄 만큼 빠른 속도로 표출되어 삶의 훌륭함과 성공에 이를 수 있을 것이다.

66 재물이 없으면 재물을 쓸 수 없듯
행복을 만들지 않고는 행복할 수 없다. 99

조지 버나드 쇼

## 21

정신 훈련

좋은 것, 긍정적인 것들만 반복하라

좋은 반복은 좋은 신념과 습관의 어머니다

정신 훈련에서 주문이나 특정한 문구를 반복적으로 말하는 것은 아무런 의미가 없다. 그것은 결코 성공으로 가는 지름길이 될 수 없다. 여기서 말하는 정신 훈련이란 말이 아니라 특정한 생각을 반복하는 것이다. 괴테는 어떤 말을 반복적으로 들으면 그것이 자연스럽게 우리의 신념이 된다고 말한바 있다. 그리고 우리가 반복적으로 하는 생각은 습관이 되고 결국 우리 자신의 모습과 삶을 크게 좌우한다.

정신 훈련의 목적은, 특정한 생각을 지속적으로 하여 그것이 마음속에 습관으로 뿌리 내리게 만드는 것이다. 이러한 목적을 제대로 이해하고 실천하면 정신 훈련은 대단히 큰 효과를 발휘한다. 그러나 대부분의 사람들이 그렇듯이 제대로 활용하지 않으면 아무 의미가 없다.

지금 설명하는 정신 훈련 방법을 잘 읽고 습득하자. 이 연습은 하루에 한두 번 정도만 하더라도 그 생각의 내용은 하루 종일 머릿속을 떠나지 말아야 한다. 연습을 할 때만 잠시 생각하고 나머지 시간 동안에는 까맣게 잊어버리면 안 된다는 얘기다.

그 어떤 사람이나 소음으로부터도 방해받지 않을 수 있는 20~30분의 시간을 확보하자. 그리고 긴장을 풀고 안락한 의자나 소파에 앉는다. 침대에 누워도 좋다. 등을 대고 앉거나 눕는 것이 가장 좋다. 만일 낮 동안에 따로 시간을 내기가 힘들다면 잠자리에 들기 직전 또는 아침에 일어난 직후에 하자.

심신의 모든 긴장을 풀고 집중력과 정신이 머리끝에서

발끝까지 온몸에 퍼지게 한다는 느낌을 가지자. 그런 다음, 아픈 곳이나 병에 대한 생각들을 마음속에서 깨끗이 지운다. 정신이 척추를 타고 내려와 양팔과 양다리의 신경까지 흐르도록 놔둔 채 이렇게 생각하자. "내 몸 전체의 신경세포들은 완벽하고 조화로운 상태에 있다. 그것들은 내 의지를 따르며, 내 세포들은 강인한 힘을 갖고 있다." 그리고 폐에 집중하며 이렇게 생각하자. "나는 고요하고 깊게 숨 쉬고 있다. 깨끗한 공기가 들어와 폐의 세포 하나하나를 채우며 그 세포들은 모두 완벽한 상태. 내 혈관의 피도 깨끗해진 상태다." 이어서 심장을 떠올리고 이렇게 생각하자. "나의 심장은 힘차게 뛰고 있으며 온몸의 혈액 순환도 원활하다." 다음은 소화 계통으로 넘어간다. "내 위胃를 비롯한 모든 장은 완벽하게 기능한다. 내가 먹는 음식은 잘 소화되어 에너지로 전환되고, 나의 몸은 충분한 영양으로 인해 새롭게 태어나고 건강해진다. 간, 신장, 방광도 모두 훌륭하며 어떤 고통이나 긴장도 발생하지 않는다. 나는 더할 나위 없이 건강하다. 내 몸은 편안함을 느끼고, 정신은 차분하며, 영혼은 평화롭다."

또 다음과 같은 생각을 가지자.

"나에겐 금전적 문제나 다른 문제들과 관련된 고민이 없다. 내 안에 있는 신은 내가 원하는 것들 안에도 마찬가지로 존재하므로, 그것들을 내게 끌어당겨줄 것이다. 나는 원하는 모든 것을 이미 가진 상태다. 건강은 최상의 상태이므로 건강을 걱정할 필요가 없다. 또 그 어떤 두려움이나 근심도 없다."

"나는 부정하고 그릇된 모든 유혹을 떨쳐낼 수 있다. 탐욕과 이기심, 편협한 사리사욕과 야망을 버렸다. 남을 시기하거나 증오하지 않으며 어느 누구에게도 적개심을 품지 않는다. 신성한 존재와 조화로운 관계를 이루는 방향으로만 행동할 것이다. 나는 옳으며, 올바른 행동을 할 것이다."

**올바른 시각** : 세상의 모든 것은 아름답다. 모든 만물이 발전과 성장을 향해 나아간다. 나는 사회와 정치와 비즈니스 세계를 볼 때 언제나 고귀한 시각만을 지닐 것이다. 진실을 볼 줄 아는 힘을 내 안에서 찾을 것이며, 그것을 발견하면 내 삶

을 통해 표현할 것이다. 나는 얼마든지 최상의 것을 취할 수 있으므로 과거에 지녔던 모든 잘못된 생각과 시각을 잊을 것이다. 내 몸이 정신을 따르게, 내 정신이 영혼을 따르게, 그리고 내 영혼이 우주와 신의 목소리를 따르게 만들 것이다.

**목표와 이상 그리기** : 상상할 수 있는 가장 최고의 수준으로, 원하는 나의 모습을 마음속에 그린다. 그 그림을 유지하면서 "내 진짜 모습은 이것이다"라고 생각한다. 날마다 나아지는 아름다운 모습을 상상할 것이다. 어떤 사물이나 현상을 볼 때 고귀한 시각으로 바라볼 것이다. 또 친구와 가족과 이웃들을 대할 때도 그런 시각을 가질 것이다. 그들은 모두 선하고 아름다우며 훌륭하다. 이 세상에서 잘못된 부분은 없다. 오로지 나의 태도와 생각만 올바르게 유지하면 모든 것이 올바르고 순조롭게 풀린다. 나는 진실한 마음으로 우주와 신을 믿는다.

**실현하기** : 나는 원하는 존재가 될 수 있는 능력을 갖고 있

다. 내게는 창조적 에너지가 샘솟으며, 세상의 모든 힘이 나에게로 올 것이다. 나는 힘과 자신감을 갖고 행동한다. 내 안에 있는 우주와 신의 힘을 통해 훌륭한 일을 성취할 것이다. 내게는 신념만 있을 뿐 두려움이란 없다. 언제나 우주와 신이 나와 함께하기 때문이다.

**66** 긍정적인 생각 하나가 부정적인 생각 수천 개를 몰아낸다. **99**

로버트 슐러

66 현명한 자라면 찾아낸 기회보다
더 많은 기회를 만들 것이다. 99

프랜시스 베이컨

## 22

마음의 과학

나쁜 것을 암시하면 나쁜 것이 찾아오고
좋은 것을 암시하면 좋은 것이 찾아온다

생각과 잠재의식은 서로 힘을 합쳐 현실과 상응하며 현실의 조건을 만들어낸다. "난 가난해"라고 계속해서 말하면, 잠재의식은 곧바로 이렇게 말할 것이다. "그래, 너는 가난해." 그리고 그렇게 말하는 한, 계속 가난하게 만들 것이다. 가난밖에 존재하지 않아서다. 가난은 가난해진 생각으로부터 생겨난다. 우리는 생각만을 상대한다. 왜냐면 생각은 실제로 존재하며, 만약 생각이 옳다면, 조건도 옳기 때문이다. 생각은 조건을 만든다. 내가 해마다 가난을 생각했고, 이 조건을 영원히 유지하게 만드는 법칙을 만들었다고 가정해보자. 그 생각을 지우지 않으면, 그 조건은 계속될 것이다. "난 가난해"라고 말하며 나를 계속 가난하게 만드는 법칙이 전부터 가동되고 있었다. 처음에 이 법칙은 자기암시의 역할을 한다. 그러다가 그것은 밤낮으로 작용하는 무의식적 기억이 된다. '끌어당김'과 반발의 법칙이 전적으로 주관적이기 때문에 이것이 바로 끌어당김을 결정한다. 처음에 시작할 때는 그 법칙을 의식할 수 있지만, 일단 가동되고 나면 곧바로 잠재의식 속에 들어간다. 내가 가난하다고 말하지는 않지만 가난에 대해 무의식적으로 생각하면서 살아간다고 가정하자. 그 생각이 작동되는 한, 나는 가난할 것이다. 그 법칙을 이해하지 못했을지라도, 그 법칙은 전부터 분명히 작용된 것이다.

우리는 부정적인 상황을 주관적으로 대하는 성향을 갖고 이 세상에 태어난다. 한편, 궁극적인 선에 대해서도 주관적인 성향을 갖는다. 왜냐면 모든 조건에도 불구하고 인간은 악보다 선을 더 많이 믿고, 그 믿음에 따라 행동하기 때문이다. 그렇지 않으면 인간은 존재하지 못한다. 인간은 모든 것이 잘못된다기보다는 다 잘될 것이라고 믿는다. 이는 모든 삶의 영원한 희망이자 의미다.

영혼에 무엇이 들어 있든, 어떻게 주관적으로 생각하든, 의식은 그것을 바꿀 수 있다. '나는 안돼'라는 부정적 마음을 받아들이는 것은 절대로 옳지 않다는 사실을 의식적으로 기억하자. 이제 의식은 더욱더 고상한 종류의 생각을 제공해야 한다. 그렇다면 그런 종류의 생각은 무슨 일을 할까? 그것은 정신적인 깨달음, 즉 자의식을 통한 깨달음을 제공하면서 다음과 같이 말한다. "나는 우주와 신의 기운과 훌륭함을 갖고 있다. 이제 나는 인생을 가치 있게 만드는 모든 것에 둘러 싸여 있다." 그리고 나면 무슨 일이 일어날까? 즉 우주의 매개체(이것은 하던 일이나 주위 사람들일 수도, 자기 내면의 어떤 정서나 느낌일 수도 있다)는 당장 생각을 바꾸고 "그래요. 당신은 이 모든 것입니다"라고 말한다. 주관적인 생각의 일부가 될 때까지 의식 속에 담겨 있는 것은 모두, 사건의 세계에서 발생해야 한다. 아무것도 그것을 막을 수는 없다. 그런데 종종 우리의 삶이 우리가 원하지 않는 상황으로 꼬여 갈 때가 있다. 그 이유는 물론 원하는 것, 그 간절함의 진정성이 애매하고 혼란스럽기 때문이다. 다시 말해 우리가 갖는 생각의 객관적 상태가 주관적 상태에 의해 무효화되는 경우가 자주 발생하는 것이다. 사실 **우리는 부에 대한 믿음보다는 빈곤에 대한 두려움이 더 많다. 그 두려움이 남아 있는 한, 제한된 조건이 발생할 수밖에 없다. 그 두려움으로 인해 부와 성공을 얻고자 하는 시도가 가난과 실패로 뒤엉키기도 하는 것이다.**

마음에 담겨 있는 암시는 그 암시가 어떤 것이든 필연적인 결과를 낳는다. 만약 그것이 파괴를 암시하면, 그것은 파괴할 것이다. 만약 좋은 것을 암시하면, 그것은 좋은 무엇인가를 만들어낼 것이다. 그러므로 마음의 과학은 우리에게 **"좋은 것만 생각하고 또 간절히 원하라. 다 잘 될 것이라고 믿고 또 간절히 빌어라. 그리하면 우주와 신의 무한한 힘이 우리와 함께 움직일 것이다"**라고 가르쳐주고 있다.

# Part Ⅲ

우주와 신의 에너지를 불러오는 '끌어당김'을 믿으며

66 살아가면서 장애물에 직면하면 그것은 신이 내려주신 선물이라고

생각하고 그 안에 무엇이 들어 있는지 기쁜 마음으로 풀어보세요. 99

마더 테레사

23

우주와 신에 대한 의무

신은 인간을 통해 스스로를 표현한다

진실한 사람들도 의무의 문제에 대해서는 혼란스러워하고 어려워하는 경우가 많다. 훌륭한 성공을 성취하기 위해서이 책의 방법을 실천하려는 사람들은 주변 사람과의 관계를 조정하고 변화시켜야 한다. 그래서 때로는 어떤 친구들은 멀리 해야 하고, 지인들로 하여금 외면당한다는 기분을 느끼게 할지도 모른다. 성공한 사람은 때때로 이기적으로 비춰진다. 주변 사람들은 그가 자신들에게 더 많이 봉사하고 이로움을 줄 수 있으면서도 그렇게 하지 않는다고 느낀다. 여기서 생각해보아야 할 질문이 있다. 주변에 미치는 영향을 전혀 고려하지 않고 나 자신을 최대한 발전시키는 것이 나의 의무인가? 아니면 누군가에게 불이익을 끼치거나 타인과 갈등을 겪지 않고 나 자신을 최대한 실현할 수 있을 때까지 기다려야 하는가? 즉 '나에 대한 의무'와 '타인에 대한 의무' 사이에서 고민하게 된다.

우리가 세상에 대해 지닌 의무는 앞에서 여러가지로 설명했다. 나는 이제 '신에 대한 의무'에 대해 설명할 생각이다. 신에 대한 의무가 무엇인지 제대로 아는 사람이 거의 없기 때문이다. 우리들은 신을 섬기고 신에 대한 의무를 다하기 위해 예배를 드리거나 다른 종교적 의식을 행하는 등 여러 가지 형태의 노력을 기울인다. 그들 나름대로는 신에 대한 의무를 충실하게 이행하기 위해서 많은 시간과 노력을 투자한다. 하지만 진정으로 신에 대한 의무를 다한다는 것이 무엇인지, 어떻게 해야 신을 가장 잘 섬길 수 있는지 다시 생각해봐야 한다. 우리들 대부분은 그 방법을 잘못 알고 있다.

우주와 신은 인간을 통해 스스로를 표현하려고 한다. 그리고 어느 시대에나 우주와 신은 인간을 보다 발전된 상태로 성숙시킴으로써 인간을 통해 자신을 표현해왔다. 모든 시대의 인간은 그 이전 시대의 인간보다 더 우주와 신에 가깝다. 또 이전 세대보다 더 훌륭한 집과 환경, 더 만족스러운 노동과 휴식과 여행을 소망한다.

일부 경제학자들은, 현대의 노동자들이 창문도 없는 헛간 바닥에서 지내던 200년 전의 노동자들보다 훨씬 나은 조건에 있으므로 만족해야 한다고 말한다. 오늘날 사람들은 편안한 집과 많은 도구들을 갖고 있으며 불과 몇십 년 전만 해도 생각하지 못했던 편리함을 누리고 있다. 그처럼 많은 것을 가졌다면 만족할 법도 하지만 만족하지 못한다.

우주와 신은 인류를 높은 수준으로 발전시켜놓았고, 따라서 평범한 사람도 얼마든지 현재보다 더 나은 삶을 상상할수 있다. 그처럼 더 나은 삶을 상상하는 한, 인간은 자신의 현재 상태에 만족하지 않을 것이며 또 그래야 마땅하다. 불만을 느낀다는 것은 더 낫고 더 만족스러운 삶을 추구하라고 우주와 신이 인간을 이끈다는 의미다.

우주와 신은 언제나 인간을 통해 자신을 표현하고자 한다. 우리가 신을 섬기는 최선의 길은, 신이 세상에 표현하려 하는 것들을 우리 자신의 삶을 통해 실현하는 일이다. 즉 우리 스스로가 가진 잠재력을 최대한 실현하는 것이다. 『소중한 나를 부자로 만드는 지혜』에서 이야기했던, 피아노 앞에 앉은 소년을 떠올려보라. 소년의 내면에는 분명히 음악이 있었지만 신체를 통해 그 음악을 외부로 표현할 수 없었을 뿐이다. 그처럼 신은 우리의 안과 밖과 주변에 늘 존재하며, 우리가 손과 발과 정신과 두뇌를 훈련하기만 하면 그것들을 통해 우주와 신의 훌륭한 뜻을 행할 수 있다.

우주와 신에 대한 의무, 그리고 우리들 자신과 세상에 대한 의무는 잠재력을 최대한 발휘하고 훌륭한 인격을 실현하는 것이다. 이로써 의무의 문제가 해결된다. 앞에서 누구나 부자가 될 수 있는 것과 마찬가지로, 모든 사람의 내면에는 훌륭해질 수 있는 가능성과 힘이 있다고 말했다. 그런데 어떤 사람들은 너무나 타성적이어서 어떤 방식으로든 변화를 거부하고 어떤 이유를 대서든 스스로 실패할 수 밖에 없다고 생각하고 실행한다. 그들을 깨우치는 가장 효과적인 방법은 이 책에서 말한 원칙이 가져오는 성과를 직접 목격하게 만드는 것이다. 말로만 가르치는 것보다 직접 본보기를 보여주는 편이 더 효과적이다. 우리 자신이 먼저 훌륭한 사람이 되어서, 많은 주변 사람들로 하여금 우리의 방법을 따르도록 자극하자.

세상에 나아가 큰 발전을 이루고 싶지만 가정이라는 구속 때문에 선뜻 그렇게 하지 못하고 갈등하는 사람들이 많다. 자신에게 의지하고 있는 가족들이 힘들어질까 봐 두려운 것이다. 나는 그들에게 두려움을 떨치고 가정 밖으로 나가 스스로의 잠재력을 꽃피우고 한 단계 높은 삶으로 올라서라고 조언한다. 잠시 가족이 힘들어질 수도 있지만, 그런 상황은 별로 오래 지속되지 않을 것이다. 우리가 이 책에서 말한

원칙에 충실하기만 하면, 금방 과거 그 어느 때보다도 훨씬
훌륭하게 가족을 돌볼 수 있을 것이다

" 작은 기회로부터 종종 위대한 업적이 시작된다. "

데모스테네스

" 우리의 현재 위치가 소중한 것이 아니라 우리가
가고자 하는 방향이 소중한 것이다. "

홈즈

## 24

진화에 대하여

우주와 신은 실패와 고통이 아니라
성공과 기쁨으로 세상이 가득 채워지길 바란다

앞에서 반복해서 강조한 말에도 불구하고 이런 생각이
들지 모른다. 도처에서 가난과 무지, 고통을 겪는 수많은 사
람들을 목격했는데, 어떻게 세상을 비판하지 않고 또 어떻게
남을 돌보고 도우려는 마음이 들지 않을 수가 있겠는가? 주
변에서 궁핍한 이들이 끊임없이 도움을 원하는 손을 뻗어오
면 나보다는 그들을 먼저 돌보지 않을 수가 없다. 세상의 많
은 약자와 힘없는 사람들이 불공정하고 부당한 경험을 하고
있으며, 이타적인 사람들은 앞에 나서서 그런 상황을 고치고
싶은 강한 욕구를 느끼게 된다. 그런 선한 목적을 위해 전념
하고 앞장서지 않으면 부당한 처우와 불공정한 관행들이 사

라지지 않을 것이라고 믿기 때문이다. 그런 상황들을 대할 때도 반드시 내가 앞에서 한 말을 기억하라. 세상은 나쁜 곳이나 퇴보하고 있는 곳이 결코 아니며, 더 높은 발전된 단계에 도달하기 위한 과정을 거치고 있다.

머나먼 과거에는 지구상에 아무런 생명체도 존재하지 않았다. 지질학적 연구 결과에 따르면, 까마득하게 먼 옛날에는 지구에 온통 뜨거운 가스와 용해된 암석뿐이었다. 그런 환경 속에서 어떻게 어느 순간부터 생명체가 존재하기 시작했는지는 정확하게 알 수 없다. 그러다가 시간이 지나 어느 시점에 지각이라는 것이 형성되었고, 지표가 냉각되어 딱딱해졌고, 대기를 떠돌던 증기가 많아지고 응결되어 안개나 비가 생성되었다. 냉각된 지표는 흙이 있는 토양이 되었고, 습기가 점점 많아져 연못과 바다가 생겨났고, 마침내 대륙과 해양에 생명을 지닌 존재가 출현했다.

아마도 제일 먼저 출현한 것은 단세포 생물이었을 것이

다. 그러나 이 단세포 생물도 스스로를 드러내려는 신의 욕망이 외부적으로 발현되어 생겨난 결과물이었다. 세포 하나만으로는 부족할 만큼 생명력이 늘어난 생명체는 두 개의 세포를 갖게 되었으며, 그런 식으로 점차 세포의 수가 더 많이 늘어났다.

다세포 생명체는 나무를 비롯한 각종 식물, 포유동물, 그 밖에 다양한 생물체로 나뉘어 진화하기 시작했다. 비록 각기 모습은 달랐지만 그것들은 모두 나름대로 아름다웠다. 단순하고 조악한 형태의 동식물도 모두 목적을 지닌 훌륭한 존재였다. 그리고 시간이 흘러 진화 과정의 정점이라고 할 수 있는 날이 찾아왔다. 이날은 천체와 행성이 기쁨으로 노래하고 모든 피조물들이 환희에 가득찬 소리를 질렀다. 바로 인간이 출현한 것이다. 최초의 인간은 원숭이와 유사한 면이 많았다. 또 행동 습성이나 외면상 다른 동물들과 크게 다를 바가 없었지만 한 가지 중요한 차이점이 있었다. 생각함으로써 발전할 수 있는 능력을 갖고 있었던 것이다. 인간의 영혼 안에는 먼 미래에 예술과 미술, 건축, 노래, 시, 음악을 만들어낼 수 있는 잠재력이 숨어 있었다. 하지만 아직 그것들을 이뤄 내지 못하던 당시에도 나름대로 훌륭한 존재였다.

인간이 지구상에 살기 시작한 순간부터 우주와 신은 인간의 '안에' 들어와 움직이기 시작했다. 또 시간이 지날수록 다음 세대의 인간들 안에 더 많이 들어와 움직이면서, 인간이 큰 발전을 향해 나아가도록, 보다 훌륭한 사회와 정부와 나라를 세우도록 이끌었다. 고대 시대에는 야만인들이 끔찍하고 열악한 환경 속에서 삶을 영위했으며, 때로는 우상숭배가 만연했고 온갖 고통과 질병과 위험이 존재했다. 그런 사실을 볼 때 우리는 우주와 신이 인간을 불공평하고 가혹하게 대한 것이라고 생각하기 쉽다. 그러나 인간 내면에 잠재되어 있는 힘과 능력 덕분에 그 모든 것을 극복하고 끊임없이 발전해왔다.

우주와 신은 자신을 가장 높은 도덕적, 영적 차원에서 표

현하고 싶어했다. 신은 일정한 형태의 존재를 만들어 그것을
통해 자신을 표현하고 싶어했다. 그것은 진화 과정의 궁극적
인 목표였다. 시간이 흐르면서 전쟁과 재앙, 불공정함, 고통,
잔인함 같은 것들은 사랑과 정의의 힘에 의해 다양한 방식으
로 완화되고 축소되었다. 그런 진화 과정을 거치면서 인간은
우주와 신의 사랑과 정의를 조화롭게 실현하고 나타내 보일
수 있게 되었다. 하지만 거기가 마지막 종착지는 아니다. **우**
**주와 신의 목표는 소수의 본보기를 만드는 것이 아니라 인류**
**전체를 발전시키는 것이다. 슬픔이나 고통이 존재하지 않고**
**과거의 나쁘고 부정적인 요소와 존재들은 사라진, 어둠이 물**
**러가고 환한 빛이 세상을 가득 채우기를 바라는 것이다.**

> 희망은 사람을 성공으로 이끄는 신앙이다. 희망이 없으면, 아무것도 성취할 수가 없으며 희망 없이는 인간생활이 영위될 수 없다.

헬렌 켈러

## 25

'생각' 해야 성취할 수 있다

돈을 더 많이 벌고 싶다면 먼저 다른 사람을 위해

돈을 어떻게 더 벌게 할 수 있는지 알아봐라

"가장 큰 공헌을 하는 사람이 가장 큰 이익을 본다"라는 오래된 속담은 단순히 남을 위하라는 말이 아니다.

주위를 둘러보라. 무슨 일이 일어나고 있는가? 어떤 사람들이 크게 성공하는가? 그 사람들은 자신이 받은 만큼 줘야 하는 것에는 아무런 관심도 없이 그저 눈앞의 돈에 매달려 있는가? 아니면 자신이 받은 것보다 조금 더 많이 일하고, 더 많이 지불하기 위해 애쓰고 있는가?

저울이 균형을 잡고 있을 때, 한쪽에 아주 조금이라도 무게를 더해주면 1톤을 더했을 때와 마찬가지로 어쨌거나 한쪽으로 저울이 기울기 마련이다.

조금 더 나은 가치를 주고 더 많은 노력을 하면 사람이나 기업은 피그미부족에 둘러싸인 키 큰 사람처럼 많은 사람들 사이에서 돋보이고 노력한 것보다 훨씬 큰 성과를 올릴 수 있다.

필요해 보이는 것보다 조금 더 많이 주고, 받는 돈보다 조금 더 열심히 일한다면, 이익이 된다. 단순히 이타주의적 관점에서만이 아니라 금전적인 면에서도 그렇다. 중요한 것은 가치를 추가해준다는 사실이다.

왜냐하면 '끌어당김'이 작용하기 때문이다. 우리는 내어준 것에 비례하여 받는다. 실제로는 대개 더 많이 받는다. 성경에 "물 위에 너의 빵을 던져라. 그러면 100배로 너에게 돌아올 것이다"라는 말이 있지 않은가?

모든 것의 이면에는 불변의 우주의 법칙이 존재한다. 당신의 생각은 원인이다. 결과를 바꿀 수 있는 유일한 방법은 먼저 원인을 바꾸는 것이다.

　사람들은 자신의 괴로움에 너무 빠진 나머지, 슬픔과 궁핍만을 생각하기 때문에 가난하고 힘들게 산다. 그들은 가난을 예상한다. 그리고 고난과 아픔, 가난에만 마음의 문을 연다. 그들은 무언가 더 나은 것을 바라지만, 두려움에 너무 압도된 나머지, 결코 기회를 얻지 못한다.

　나쁜 결과를 기대하면서 좋은 결과를 얻을 수는 없다. 궁핍함을 생각하면서 풍부함을 보여줄 수는 없다. "많은 것을 기대하는 사람은 축복받을 것이다. 진실로 그의 영혼이 채워지기 때문이다." 솔로몬은 다음과 같이 말하며 그 법칙을 설명했다.

　"흩어 구제하여도 더욱 부하게 되는 일이 있나니, 과도히

아껴도 가난하게 될 뿐이니라. 구제를 좋아하는 자는 풍족해질 것이요. 남을 윤택하게 하는 자는 자기도 윤택해지리라."

우주의 마음은 주로 사람을 통해 모습을 드러낸다. 우주의 마음은 계속해서 자신의 모습을 드러낼 출구를 찾고 있다. 그것은 거대한 저수지와 비슷하여 옹달샘에 의해 끊임없이 채워진다. 그 저수지에 수로를 내면, 물이 점점 더 많이 흐를 것이다. 마찬가지로, 우주의 마음이 모습을 드러내도록 우리 스스로의 삶을 통해 봉사의 경로를 열어주면, 우주의 마음이 주는 선물은 점점 더 많아질 것이고, 우리는 그 과정에서 성공하게 될 것이다.

은행원은 어떻게 생겨났을까? 해외의 어떤 나라가 개발 자금으로 수백만 달러를 필요로 한다. 그 나라 국민들은 열심히 일하지만, 생산성을 높이는 데 필요한 기계가 부족하다. 그들은 어떻게 돈을 구할 수 있을까?

그들은 은행을 찾아가서 은행원에게 자신들의 문제를 설명한다. 그에겐 돈이 없지만, 어떻게, 어디서 돈을 마련할지는 알고 있다. 그는 투자할 돈이 있는 사람들에게 그 나라가 돈을 갚겠다는 약속(다시 말하면, 그 나라의 채권)을 선전한다. 그는 그저 서비스를 할 뿐이다. 하지만 그의 서비스는 너무나도 소중하여 양측 모두, 기꺼이 그가 준 도움에 대가를 치른다.

같은 식으로, 주위의 이웃이나 친구, 고객에게 도움을 주는 등 우주의 공급물을 이용해 인간에게 필요한 길을 열면, 자기 자신에게도 득이 될 수밖에 없다. 그리고 그 길을 더 넓게 열수록, 다시 말하면 당신이 더 큰 도움을 주거나 더 큰 가치를 제공할수록, 더 많은 것이 그 길을 통해 흘러들어오며 더 많은 이익을 얻게 될 것이다.

그런데 그 과정에서 이익을 얻고 싶다면, 우리의 재능을 이용해야 한다. 우리의 도움이 얼마나 작은지는 중요하지 않다. 우리의 재능을 이용할수록, 이익은 더욱더 커질 것이다.

독방에 물러나 기도를 올릴 필요는 없다. 그것은 이기적인 방법이다. 다른 모든 사람들을 배제한 채 자기 자신의 영혼만을 챙기는 이기적인 방법이다. 그러한 자기 부정이나 금욕주의는 어느 누구에게도 이롭지 않다. 우리가 살아왔던 세상을 더 좋게 만들려면, 우리는 무언가를 해야 하고, 신과 우주가 우리에게 주신 재능을 이용해야 한다.

재능에 관한 우화를 기억하라. 멀리 떠나 자신의 재능을 숨긴 사람에게 무슨 일이 일어났는지 알고 있을 것이다. 반면, 자신의 재능을 이용한 사람들은 많은 것을 가졌다.

그 우화는 인생의 온전한 법칙을 나타내는 것처럼 느껴진다. 선의 모든 힘을 이용하는 것은 유일하게 올바른 행동이며, 그 힘을 소홀히 하거나 혹사하는 것은 유일하게 잘못된 행동이다.

만약 우리가 은행원이라면, 우리는 돈을 더 많이 벌기 위해 자기가 가진 돈을 이용해야 한다. 만약 상인이라면, 더 많은 물건을 사기 위해 자신이 가진 물건을 팔아야 한다. 만약 의사라면, 더 많은 환자를 보기 위해 자신의 환자를 도와야 한다. 점원인 우리가 주변 사람들보다 더 많은 돈을 벌고 싶다면, 그들보다 더 훌륭히 일을 해야 한다. 그리고 우주의 공급물을 더 많이 얻고 싶으면, 주변 사람들에게 더 큰 도움이 되는 방향으로 자신이 가진 것을 이용해야 한다.

성경에서 예수는 이렇게 말했다. "누구든지 너희 중에서 큰 사람이 되려는 사람은 너희를 섬기는 사람이 돼야 하고, 누구든지 첫째가 되려는 사람은 너희의 종이 돼야 한다." 달리 말하면, 훌륭해지고 싶으면, 다른 사람들에게 도움을 주어야 한다는 것이다. 그리고 가장 많이 봉사하는 사람이 가장 훌륭한 사람이 될 것이다.

돈을 더 많이 벌고 싶다면, 다른 사람들을 위해 돈을 어떻게 더 벌 수 있는지 알아봐라. 그 과정에서 당신은 필연적으로 자기 자신을 위해서도 돈을 더 벌게 될 것이다. 준 만큼 얻기 때문에, 먼저 주어야 한다.

당신이 하는 일을 충분히 생각해라. 일을 할 때마다 생각하라. "이 일을 더 쉽고, 더 빠르고, 더 훌륭하게 할 수 있는 방법이 있지 않을까?" 남는 시간에 일에 관계된 모든 것을 읽어라. 잡지, 책, 도서관을 마음껏 이용할 수 있는 요즘에 훌륭한 책에서 철저히 다루어지지 않는 내용은 거의 없다.

로리머Lorimer가 쓴 「자수성가한 상인이 아들에게 보낸 편지」에서, 고곤 그레이엄Gorgon Graham이 잠시 훌륭한 판단력을 유보하고 채용한 젊은이를 기억하는가? 고곤 그레이엄은 마음에 들지 않은 그 젊은 사원을 빨리 회사에서 내보내기 위해 '돼지 몸통 처리반'에 배치했다. 그런데 한 달이 지나기 전에 그 젊은이는 비용은 절반으로 줄이고 인원도 3분의 1만 투입하여 일을 해내는 기계를 사라고 사장을 설득함으로써 영리하게도 그 일을 그만할 수 있었다. 그레이엄은 어쩔 수 없이 그의 월급을 올려주고 승진도 시켜주었다. 하지만 그는 가만있지 않았다. 그는 무슨 일을 하든, 항상 더 잘하고, 더 적은 인원으로 해낼 수 있는 방법을 찾아냈다. 그리고 결국 회사에서 가장 높은 자리까지 올라갔다.

실생활에도 그런 사람은 무수히 많다. 그들은 가만히 앉아 있질 못한다. 그들은 어린 소년과 개의 추격을 받는 고양이처럼 활력으로 가득 차 있다. 2층 창문에서 고양이를 던지면, 그 고양이는 떨어지는 시간을 이용하여 다음번 도약을 준비한다. 고양이가 떨어진 곳을 개가 덮칠 무렵이면, 고양이는 이미 길 건너 나무 위에 올라가 있다.

성공의 정신은 덴마크의 담대한 해군대령, 페테르 토르덴스퀼Peter Tordenskjold의 정신과 같다. 페테르는 스웨덴 프리깃함의 공격을 받아 1명을 제외한 승무원 전원이 죽고 포탄마저 다 떨어졌는데도 백랍으로 된 접시와 컵을 남아 있던 하나의 총으로 발사하며 대담하게 전투를 계속했다. 그가 발사한 백랍 컵에 스웨덴 대장이 맞아 사망하자, 페테르는 의기양양하게 떠날 수 있었다.

지금 주변을 둘러봐라. 우리는 우리가 받은 것보다 더 많은 가치를 어떻게 줄 수 있는가? 어떻게 더 훌륭히 봉사할 수 있는가? 마음의 중심에 그러한 생각을 늘 간직한다면, 나 자신을 위해 돈을 더 벌어야 한다는 걱정은 할 필요가 없다.

66 단순히 긍정적 사고를 가졌기 때문에, 그 기업은 부정적 사고를 가진 기업을 인수할 수 있었고. 결국 긍정적 사고의 기업은 성공할 수 있었다. 99

로버트 앨런

" 자신을 내보여라. 그러면 재능이 드러날 것이다. "

벨타사르 그라시안 이모랄레스

# 26

두 개의 '시각'

세상은 항상 완벽하진 않지만
인간이 성취한 가장 아름다운 단계에 있다

성공한 인물은 한 가지 공통점을 지닌다. 바로 흔들리지
않는 신념을 가졌다는 점이다.

신념을 가지자. 단순히 자기 자신의 능력에 관한 신념만
을 말하는 것이 아니다. 우주와 신에 대한 믿음과 신념을 지
니라는 뜻이다. 때가 되면 우리에게 원하는 바를 가져다줄
초월적 존재에 대한 믿음 말이다. 근원적 존재에 대한 신념
을 갖지 않은 사람은 작은 것밖에 이룰 수 없다. 신념을 갖느
냐 갖지 못하느냐 여부는 나의 '시각'에 달려 있다. 세상이
이미 완성된 상태가 아니라 끊임없이 진보하고 발전하고 있

다는 시각을 가지자. 태초에 우주와 신은 매우 미숙한 형태의 생명체를 창조했지만, 그 생명체들은 나름의 방식으로 완전한 존재였다. 그리고 수많은 세월이 흐르면서 보다 발달되고 복잡한 구조를 지닌 동물과 식물이 나타났다. 지구와 그 위에 사는 생명체들은 여러 단계를 거쳐 진화해왔다. 각 단계는 그 자체로 아름답고 적절했으며, 그 이후에 또 다시 높은 단계로 발전했다.

이른바 '미숙한 단계의 생명체'라도 그 나름대로 아름다운 상태라는 사실을 명심하자. 수천만 년 전 신석기·구석기 시대 때도 그 세계로서 아름다웠다. 하지만 그렇다고 해서 그 시점에서 우주와 신의 작업이 완전히 끝난 것은 아니었다. 지금도 마찬가지다. 오늘날의 세계는 물리적으로, 사회적으로, 산업적으로 훌륭하고 완전하다. 따라서 다음과 같은 시각을 가져야 한다. "완성된 것은 아니지만 이 세상과 그 안에 있는 모든 만물은 그 자체로 적절하고 아름답다."

세상은 항상 완벽하진 않지만
인간이 성취한 가장 아름다운 단계에 있다

세상의 모든 존재는 아름답고 적절하다. 어떤 사물이나 사람에게도 추하거나 잘못된 면은 없다. 모든 것을 대할 때 이러한 시각에서 바라보라. 세상은 모든 만물의 행복을 추구하는 방향으로 움직인다. 모든 만물은 선하고 아름다우며, 나쁘고 추한 특성을 갖고 있지 않다. 세상의 창조 과정은 아직 끝나지 않았기 때문에 진보가 완료된 것은 아니지만, 세상은 우리에게 늘 과거보다 더 풍요로운 것을 주려고 한다.

현재의 세계를 완벽하고 좋은 상태라고, 진보와 성숙을 향해 빠르게 나아가고 있다고 생각하자. 그러면 무언가를 두려워하거나 걱정하거나 불안을 느낄 필요가 없다. 사회에 대해 불만을 품지 말라. 이 세상은 나름대로 인간이 성취한 가장 아름다운 단계에 있다.

틀림없이 많은 사람들이 터무니없는 얘기라며 이렇게 되물을 것이다. "지저분한 공장과 열악한 조건에서 일할 수밖에 없는 많은 사람들이나 노동 착취가 추하고 비정상적인 현실이 아니란 말인가? 매춘이나 타락한 유흥문화가 부도덕한 것이 아니란 말인가? 그런 것들을 인정하고 선한 것이라 여겨야 한단 말인가?" 선사 시대 동굴에 살던 원시인의 생활방식이나 습관이 악이 아닌 것과 마찬가지로 어떤 의미에서는 노동 착취 같은 것들도 악이 아니다. 원시인의 삶은 인류 사회의 발전 과정에서 초기 단계였을 뿐, 그 나름대로 아름답고 적절했다. 산업사회에서 나타나는 여러 관행들 역시 사회 발전의 중간 단계에서 나타나는 현상일 뿐, 그 역시 나름대로 적절하고 필요한 것이다.

나날의 삶과 일터에서 미개한 사고방식과 행동이 없어져야 우리 모두가 보다 나은 방향으로 나아갈 수 있다. 그러기 위해서는 소수가 아니라 인류 전체가 보다 긍정적이고 높은 시각을 가져야 한다. 부당하거나 조화롭지 못한 관계들을 없애야 한다. 노동자들은 더 고귀하고 더 아름다운 것을 강력히 요구해야 하고 사용자들은 반드시 그에 합당하게 응해야 한다. 노동자와 사용자들이 정신과 영혼을 살찌우는 것들을 원하고 요구하기 시작하면 우리 사회와 비즈니스 세계도 미개한 수준을 넘어 더욱 높은 단계로 올라서게 된다. 하지만 지금 이대로의 상태로도 아름답다는 시각을 갖고 바라보라. 정신과 영혼을 살찌우는 것들을 원하면 그것을 얻게 된다는 점을 기억하자.

수많은 사람들이 갈등과 불협화음이 없는 세상을 마음속에 그리고 갈망하면 반드시 그런 세상을 실현할 수 있다. 하지만 인간이 야만적 수준의 사고만 하면 사회도 야만적인 성격을 드러낼 수밖에 없다. 사회의 모습을 만들어내는 것은 바로 그 안에 사는 구성원들이기 때문이다. 그러므로 사람들이 야만적인 생각을 버리면 사회도 보다 높은 수준으로 올라가게 된다. 그러나 야만적인 사람들로 가득한 사회에는 매춘굴과 깡패들이 설칠 수밖에 없다. 하지만 그것도 그 단계에서 나름대로 의미가 있고 아름답다고 여기라. 오래전 원시시대 때도 그 세계로서 아름다웠던 것처럼 말이다. 그 모든 것도 우리가 더 나은 진보를 향해 움직이는 것을 막지는 못한다.

타락한 사회를 개조하고 고치려고 애써야 한다고 생각하지 말고, 사회의 진보를 완성하기 위해 노력한다는 마음가짐을 가지자. 부정과 비난의 지식은 우리를 화나게 하고 지치게 하지만 긍정의 지혜는 우리를 진실하게 하고, 생기 있게 만들기 때문이다. 올바른 마음과 희망적인 영혼을 갖고 노력하자. 당신은 우리가 몸담고 살아가는 이 공간을 점차 개선되고 있는 사회라고 생각하는가, 아니면 점점 퇴보해가는 절망적인 사회라고 생각하는가? 이는 우리의 신념과 영혼에 커다란 영향을 미친다. 첫 번째 시각은 확장과 발전에 집중하는 마인드를 키우고, 두 번째 시각은 축소와 퇴보에 집중하는 마인드를 키운다.

분명히 말하지만, 첫 번째 시각은 우리를 성공하도록 이끌고, 두 번째 시각은 발전과 반대 방향으로 한발 더 나아가게 만든다. 첫 번째 시각을 지니면 우리는 훌륭한 방식으로 행동하여, 아직 조화롭지 않은 미완의 존재들이 완성을 향해 나아가도록 만드는 데 기여할 수 있다. 하지만 두 번째 시각

을 지니면 우리는 미봉책을 제시하는 분노의 개혁가밖에 될
수 없으며, 희망 없는 암울한 세상에서 소수의 사람들을 구하
려고 애쓰지만 아무런 결실도 얻지 못할 것이다. 따라서 언제
나 다음과 같은 시각으로 세상을 바라보자. "이 세상은 아름
답다. 세상에 추하고 잘못된 것이 있을지라도 그것은 곧 아름
다운 것으로 바뀔 것이다. 그렇다. 나의 태도와 시각만 고친
다면 아무것도 잘못된 것은 없다. 나는 만물과 세상에서 일어
나는 모든 일들, 환경, 사회와 정부와 직장의 모든 것을 가장
긍정적이고 고귀한 시각으로만 바라볼 것이다. 아직 완성되
진 않았지만 세상 모든 것은 다 아름답다. 이 모든 것이 우주
와 신의 피조물이자 작품이기 때문이다. 보라, 이 아름다운
세계를."

> 모든 지혜롭고 현명한 사상은 이미 수천 번 생각
> 된 것들이다. 그러나 그 사상을 진정 자기 것으
> 로 만들려면, 깊이 생각하고 생각하여 그것이 우
> 리의 개인적 체험에 뿌리내리게 해야 한다. 그리
> 고 그것은 우주와 신과 통한다. 99
>
> 괴테

# 27

개인을 바라보는 '시각'

'나쁜' 사람은 없다

세상이 불완전하더라도 내 안에 있는 신과 우주는 아름답다

앞에서 설명한 대로 사회를 바라보는 시각도 중요하지만, 그것보다 더욱 중요한 것이 있다. 그것은 바로 동료, 친구, 가족을 비롯한 주변 사람을 바라보는 시각, 그리고 우리자신을 바라보는 시각이다. 그들을 미움이나 증오의 눈길로 바라보지 말라. 완성을 향해 점점 발전해 나가는 아름다운 존재로 바라보라. 이 세상에 '나쁜' 사람 또는 '사악한' 사람은 없다.

기차가 달릴 수 있도록 동력을 제공해주는 엔진은 그 나름대로 아름답고 훌륭한 존재다. 만약 레일이 중간에 끊어져

기차가 철로 밖으로 탈선한다고 해서 엔진이 나쁜 물건이 되는 것은 아니다. 다만 잠시 레일 때문에 궤도를 이탈했을 뿐, 그것은 여전히 성능 좋은 엔진이다. 세상의 다른 물건들도 마찬가지다. 주변 여건이나 상황 때문에 부적절한 공간에 있거나 잘못 사용된 존재는, 그 자체가 나쁘거나 사악한 것은 아니다. 사람도 마찬가지다. 세상에 나쁘고 사악한 사람은 없다. 그렇게 느껴지는 이들이 있다면, 훌륭하고 아름다운 사람들이 잠시 궤도를 이탈한 것뿐이다. 따라서 그런 사람들을 비난하거나 벌하려 들어서는 안 된다. 그들은 그저 다시 원래 궤도에 올라서기만 하면 된다.

우리는 흔히 불완전하거나 미성숙한 대상을 나쁜 것이라고 여긴다. 그렇게 생각하도록 교육받았기 때문이다. 백합 뿌리는 투박하기만 할 뿐 예쁜 구석이 하나도 없다. 하지만 뿌리의 겉모습만 보고 얼굴을 찌푸리는 것만큼 어리석은 일이 또 있을까? 그 안에는 희고 아름답게 피어날 백합이 숨어 있지 않은가? 다시 말해 뿌리는 그 나름대로 아름답고 적절한 존재이며, 아직 완성되지 않은 백합일 뿐이다. 사람을 대할 때도 그런 시각으로 바라봐야 한다. 겉모습이 아무리 형편없고 추한 사람이라도 그는 자신의 발전 단계에 맞는 아름다운 상태이며 점차 완성을 향해 나아가는 것이다.

이와 같은 사실을 마음에 새기면, 타인의 허물을 들춰내거나 남을 비판하고 비난할 필요가 없다는 것을 깨닫게 된다. 타인을 볼 때 불완전하고 무의미한 존재로 바라보지 않고 아름답고 온전한 존재로 바라보게 된다. 부족하지만 선하고 아름다운 사람들이 완성된 단계를 향해 성장한다고 여기자. 늘 이런 시각을 가지면 우리 마음과 정신의 그릇이 한없이 넓어진다. 하지만 주변 사람들을 형편없고 수준 낮은 이들이라고 바라보면 우리 마음과 정신은 좁고 편협해진다. 또 그들과 관계를 맺을 때도 편협한 방식으로 행동하게 된다.

성공한 사람들은 자신의 친구와 가족과 이웃을 그런 시각으로 대한다. 그리고 자신에 대해서도 똑같은 시각을 견지하자. 즉 자신을 늘 발전하고 성장하는 사람이라고 생각하며 스스로에게 이렇게 말하자. "나의 존재를 세상에 있게 만든 초월적 힘이 내 안에 자리잡고 있으며, 그 힘은 불완전함과 나약함을 알지 못한다. 세상은 불완전하지만 내 영혼 안에 있는 우주와 신은 아름답고 완벽하다. 세상과 사람을 바라보는 내 시각만 고친다면, 세상에 잘못되고 추한 것은 없다. 내 안에 있는 초월적 힘, 즉 우주와 신의 뜻에 따르지 않으면 나는 잘못된 시각에 지배당하게 된다. 나는 완성된 상태를 향해 힘차게 전진하고 있다. 나는 신념을 잃지 않으며 결코 두려워하지 않을 것이다." 이런 굳은 신념을 갖고 있다면 모든 두려움이 우리를 떠날 것이다. 그리고 우리의 훌륭한 자아가 실현되는 속도가 한층 빨라질 것이다.

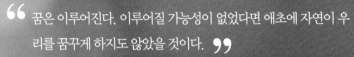

꿈은 이루어진다. 이루어질 가능성이 없었다면 애초에 자연이 우리를 꿈꾸게 하지도 않았을 것이다.

존 업다이크

66 인생에서 성공하기를 바라는 사람은 인내를 벗으로 삼고,
경험을 현명한 조언자로 하며, 희망을 수호신으로 삼아라. 99

토머스 에디슨

28

'세상을 보는 눈'을 바꿔라

모든 것은 성장한다

우리는 발전하는 세상의 부분이기에 우리는 발전할 수밖에 없다

앞에서 말한, 세상을 바라보는 시각에 대해 조금 더 추가적인 설명이 필요할 것 같다. 그런 시각으로 세상을 보는 것이 매우 중요해서이기도 하지만, 많은 사람들이 그런 시각을 갖는 것을 어려워하기 때문이기도 하다. 우리는 이 세상이 거친 폭풍 때문에 좌초한 배와 같은 곳이라고 배워왔으며, (이는 부분적으로 그릇된 종교 지도자들의 가르침 때문이다) 많은 사람들이 세상을 그런 곳으로 여기면서, 결국에는 모든 존재가 소멸하고 사라질 것이며 기껏해야 소수의 선원들만 구조해낼 수 있을 것이라고 생각한다. 이런 시각을 가진 사람은 세상이 원래 황폐한 곳이고 점점 더 악화되고 있다고 여길 수밖에 없

다. 또 도처에 존재하는 부조화와 갈등과 싸움이 더 심해질 것이라고 믿게 된다. 사회, 정부, 더 나아가서는 인류에 대해 희망적인 관점 대신 부정적이고 우울한 관점만 갖게 된다.

그런 생각은 완전히 잘못된 것이다. 세상은 좌초한 배가 아니다. 우리가 사는 이 세상은 엔진과 모든 부속물이 최고의 상태로 돌아가며 움직이는 멋진 배다. 배의 연료통도 가득 채워져 있고, 순항하기에 더없이 좋은 조건을 갖추고 있다. 항해에 필요한 모든 부품과 설비들을 신이 준비해주었기 때문이다. 이 배에 탄 모든 사람들은 안전하고 쾌적하고 만족스럽게 항해를 즐길 수 있다. 아직 정확한 항로가 결정되지 않았기 때문에 배는 이따금 높은 파도를 헤치면서 침로를 이쪽저쪽으로 수정하기는하지만 우리는 항로를 잡는 방법을 익혀가고 있다. 때가 되면 우리는 아름다운 항구에 도착할 것이다.

세상은 이미 좋은 곳이며 점점 더 아름다워지고 있다. 현재의 조화롭지 못한 모습과 갈등들은 배의 키를 조정하는 기

술이 부족해서 나타나는 일시적인 현상에 불과하다. 그런 현
상들은 시간이 지나면 자연스럽게 사라진다. 이런 시각으로
세상을 대하면 긍정적이고 넓은 마음을 갖게 된다. 또 우리
자신과 사회를 밝은 시각으로 바라볼 수 있고, 훌륭한 방식으
로 행동하는 데에도 도움이 된다.

이 세상에서는 아무것도 나빠지거나 퇴보할 수 없다. 모
든 것이 완성과 발전과 성장을 향해 나아가기 때문이다. 우리
자신의 문제나 환경도 세상의 일부이므로, 당연히 나빠지거
나 퇴보할 수 없다. 그 어떤 힘도 이와 같은 발전을 향한 움직
임을 방해할 수 없을 것이다. 만일 우리가 우주와 신의 뜻과
반대되는 태도와 마인드를 가진다면, 바로 그것이 발전으로
나아가는 움직임을 방해한다. 그러므로 우리만 올바른 시각
을 잃지 않으면 모든 것이 조화롭게 풀릴 것이다. 어떤 재난
이나 불운도 우리를 넘어트리지 못한다. 우리는 발전하는 세
상의 일부이며, 따라서 우리도 발전할 수밖에 없다.

세상을 바라보는 시각에 따라 마음속의 사고 형상도 달라진다. 세상을 퇴보하는 것으로 바라보면 우리들 자신도 부정적이고 나약한 존재라고 여기게 된다. 세상을 희망이 없는 곳으로 여기면서 사는 사람이 어떻게 스스로에 대해 희망적이고 낙관적인 관점을 가질 수 있겠는가? 우주와 신이 하는 모든 일이 훌륭하고 아름답다고 여기지 않으면 우리 자신에 대해서도 좋게 생각할 수가 없으며, 그런 사람은 결코 훌륭함에 이르지 못한다.

거듭 강조하지만, 자신이 갖는 특정한 사고 형상에 따라 주변 환경도 달라진다. 자기 자신을 무능하고 부족한 사람이라고 여기면, 형편없고 수준 낮은 환경 속에 있는 자신의 모습을 머릿속에 그리게 된다. 그런 생각을 습관적으로 하면, 설령 눈에는 보이지 않더라도 그 생각이 우리를 둘러싼 공간에 각인되어 늘 우리 곁을 맴돌게 된다. 그리고 이내 창조적 에너지가 움직이기 시작하여, 눈에 보이지 않던 그 생각이 실제적인 형태를 띠며 현실로 나타난다.

모든 만물이 아름다우며 점점 더 발전하고 있다고 믿자. 우리가 사는 이 사회를 바라볼 때도 그런 믿음을 가져라. 세상의 모든 존재는 하나의 근원에서 나왔으며 따라서 모두 아름답고 선하다. 우주와 신이 가진 모든 속성과 특성은 우리 안에도 존재한다는 사실을 잊지 말자.

66 위대한 희망은 위대한 인물을 만든다.
산은 오르는 사람에게만 정복된다. 99

토머스 풀러

# 29

성공하는 지혜, 끌어당김

우주와 신의 뜻을 믿고 끌어당겨라

긍정의 힘으로 끌어당겨라

나를 믿고 이웃을 믿고 끌어당겨라

성공은 이미 끌어당김 속에 들어와 있다

모든 인간은 생각하는 근본 물질에서 나왔다. 그러므로 누구나 본질적인 힘과 잠재력과 가능성을 갖고 있다. 누구나 위대해질 수 있는 능력을 갖고 있으며 누구나 외면적으로 그 훌륭함을 실현할 수 있다. 우주와 신의 모든 특성과 요소는 우리 내면에 존재한다. 내면에 있는 창조적 힘을 활용하면 유전적 한계 요인이나 열악한 환경도 충분히 극복할 수 있다. 훌륭함을 성취하고자 한다면 육체와 정신이 '끌어당김'을 깨달아야 한다.

우리가 아는 지식은 제한되어 있기 때문에 때때로 실수를

범한다. 그런 일을 막기 위해서 신과 우주의 목소리에 귀 기울여 영혼을 조화롭게 유지해야 한다. 신과 우주는 보편적이고 초월적인 정신이며 만물의 근원이다. 인간이 지식과 앎을 얻으려면 이들과 통하고, 끌어당길 수 있어야 한다. 이를 위해서는 우리를 신과 우주와 멀어지게 만드는 모든 요소와 힘과 행동을 제거하고, 모든 그릇된 유혹을 떨쳐낼 수 있어야 한다. 그들의 의도에 상충되는 생각이나 행동을 하지 말아야 한다.

올바른 시각을 가져야 한다. 우주와 신이 모든 만물에 내재하며 세상에 잘못되고 추한 것은 없다는 사실을 인정하라. 자연과 사회와 일의 세계, 그 모두가 나름대로 훌륭하고 아름다우며 발전을 향해 전진하고 있음을 이해하라. 또 모든 인간을 선하고 아름다운 존재로 바라보라. 우주와 신이 모든 만물과 현상과 대기에 존재하면서 훌륭함과 발전으로 이끈다는 사실을 믿어라.

우리 안에 살고 있는 우주와 신의 뜻과 영혼의 목소리를

우주와 신의 뜻을 믿고 끌어당겨라
긍정의 힘으로 끌어당겨라
나를 믿고 이웃을 믿고 끌어당겨라
성공은 이미 끌어당김 속에 들어와 있다

따라야 한다. 모든 사람은 자신을 고결한 인격과 행동으로
이끄는 내면의 빛을 갖고 있으므로, 반드시 그 빛을 따라야
한다. 스스로 진실을 인식할 줄 아는 힘을 지녔다는 신념을
가지자. 그러한 신념에 근거한 행동을 가정에서부터 시작하
라. 또 일상적이고 평범한 문제에서도 올바른 방향을 판단하
고 택할 줄 알아야 한다. 언제나 생각하되, 진실한 마음으로
생각하자.

성공한 자신의 모습을 마음속에 그리고, 습관적인 생각
이 될 때까지 그것을 늘 떠올려야 한다. 그 사고 형상을 늘
마음속에 간직하자. 모든 일을 행할 때 훌륭한 방식으로 행
해야 한다. 가족과 친구, 이웃을 대할 때 언제나 우리 자신의
마음속에 그린 이상적인 자아의 모습과 기운이 표출되어야
한다. 올바른 시각을 갖고, 훌륭한 자신의 모습을 그리고, 아
무리 사소한 일도 훌륭한 방식으로 행하는 사람은 반드시 위
대해진다. 그는 주변 사람들에게도 인정받는다. 그리고 신성
하고 거룩한 힘을 통해 지식과 지혜를 얻게 된다. 머릿속에

그런 모든 물질적 부와 풍요로움을 손에 넣게 되며, 좋고 훌륭한 것들이 넘치게 된다. 이 지혜만 체득하면 어떤 어려운 상황도 헤쳐 나갈 수 있는 능력이 생길 것이고 더욱 빠르게 그리고 지속적으로 발전하게 될 것이다.

우주와 신의 뜻을 믿고 끌어당겨라.
긍정의 힘으로 끌어당겨라.
나를 믿고 이웃을 믿고 끌어당겨라.
성공은 이미 '끌어당김' 속에 들어와 있다.

**"** 성공하겠다는 결심이 다른 어떤 것보다 중요하다는 것을 늘 명
심하라. **"**

에이브러햄 링컨

성공을 꿈꾸나 아직 성공을 이루지 못한
나와 비슷한 우리 모두 혹은 당신에게

이 책에 실린 나폴레온 힐Napoleon Hill, 찰스 하넬Charles F. Haanel, 월레스 워틀스Wallace D. Wattles, 로버트 콜리에 Robert Collier, 어네스트 홈즈Ernest Holmes의 여러 글들은 하나의 일관된 방향을 제시한다. 그것은 우주와 신의 에너지, 즉 세상을 둘러싼 긍정의 에너지를 모으면 성공에 이를 수 있다는 점이다. 현대적 의미의 현자인 이들은 스스로 성공을 향한 길을 끊임없이 탐색하고 자신에게 체득시켰다. 이들은 우리가 미처 모르는 성공의 비밀을 들려준다.

이 책의 글들이 당신에게 깊은 영감을 줄 수도 있고, 아니면 여전히 난해하게 들릴 수도 있다. 어쨌든 반복해서 여기 소개된 성공의 비밀을 곱씹어봐야 한다. 그러한 과정 속에서 당신의 마음속에 깊은 공명이 울리고, 그것이 온몸으로 퍼져간다면 당신은 이미 성공을 향한 큰 한걸음을 내딛은 것이다.

그전에 먼저 스스로를 아주 냉정하게 들여다보자. 성공을 끊임없이 갈망하지만 아무것도 하지 않고, 늘 비관의 감옥에 갇혀 있는 자기자신을 말이다. 그다음엔 그 감옥에서 자신을 끄집어내야 한다. 비관은 끊임없는 비관을 만들고 그

나마 다가올 가능성마저 원천적으로 막는 장애물일 뿐이다. 절망의 끝자락에 놓여 있더라도 긍정적인 생각과 희망을 저 버리지 않는다면 우주와 신도 결코 당신을 놓지 않을 것이 다. 이 사실을 깨달았다면 당신은 성공을 향해 보다 더 큰 한 걸음을 한 것이다.

책을 통해 우주와 신의 에너지가 당신 안에 스며들어 세 상의 모든 것을 이끌어가는 '끌어당김'의 힘을 알았다. 이는 그다지 어렵지 않은 진리임에도 많은 이들이 알지 못했던 비 밀이다. 당신에게는 이처럼 커다란 행운이 다가온 것이다. 이제 더 이상 걱정할 것이 없다. 성공을 향한 길로 성큼성큼 걸어가고 달려갈 수 있게 되었다. 성공은 이미 그것을 바라 는 사람에게 주어진 신의 소중한 선물이다. 당신은 그 선물 을 향해 손을 뻗으면 된다.

안진환 · 이현주

※ 1, 3, 4, 11, 12, 13, 14, 16, 18, 19, 20, 21, 23, 24, 26, 27, 28, 29장은 안진환이
  2, 5, 6, 7, 8, 9, 10, 15, 17, 22, 25장은 이현주가 각각 번역하였다.

## 끌어당김 Attraction

**초판 1쇄** | 2022년 01월 30일

**편역저** | 안진환 · 이현주
**원　저** | 나폴레온 힐 · 찰스 하넬 · 월레스 위틀스
　　　　로버트 콜리에 · 어네스트 홈즈
**펴낸이** | 박경석
**펴낸곳** | 빠체(pace)

**주소** | 서울시 강서구 화곡로 274 1307호
**전화** | 070-7590-2606
**팩스** | 0504-334-7444
**등록** | 2020년 01월 07일 제251-0020-20000002호

ISBN 978-89-97719-11-8  13320

좋은 것만 생각하고 또 간절히 원하라.
다 잘 될 것이라고 믿고 또 간절히 빌어라.
그리하면 우주와 신의 무한한 힘이 우리와 함께 움직일 것이다.